CRÓNICAS DESDE EL HIMALAYA

RAMÓN FEIXA

Título original: *Crónicas desde el Himalaya*

Primera edición: Junio 2017
© 2017   Editorial Kolima, Madrid
www.editorialkolima.com

Autor: Ramón Feixa Jové
Dirección editorial: Marta Prieto Asirón
Maquetación de cubierta: Sergio Santos Palmero
Maquetación: Carolina Hernández Alarcón
Colaboradores: Víctor Pérez Arizpe, Silvia González González,
Rocío Sánchez Llorens

ISBN: 978-84-16994-27-4
Depósito legal: M-17953-2017

Quiero dedicar este libro al extraordinario, honesto, bondadoso y hospitalario pueblo tibetano, con el deseo –tal vez inalcanzable– de que algún día puedan regresar y recuperar su amado país, país que forjaron y amaron sus antepasados. Y aunque solo sea una quimera, deseo que los imperialistas que invadieron y destruyeron su tierra y su cultura se la devuelvan y abandonen pacíficamente y para siempre ese país que nunca les perteneció.

El pueblo nepalí siempre me acogió en sus brazos y mucho me ofreció a cambio de muy poco. Le deseo que un día pueda resurgir de las cenizas y la destrucción en que los sumió el terremoto del 25 de abril del 2015, que puedan recobrar aquella sonrisa, la fuerza y nobleza que siempre fue su seña de identidad.

¡Por todos vosotros, para que encontréis la paz, la felicidad y la libertad a la que todos los seres humanos deben aspirar!

INDICE

Fotografía: Ramón Feixa

PRÓLOGO

Mi pasión por las montañas del Himalaya, el deseo irreprimible de perderme en estos indescriptibles paisajes, la necesidad de comprobar en persona todo lo que se contaba de aquellos exóticos países, me marcó desde mi primera juventud.

El primer libro que cayó en mis manos sobre el tema me impactó enormemente y aumentó mi curiosidad por el Tíbet y el mundo de los lamas. Aquel libro se titulaba *El Tercer Ojo* y lo escribía un señor llamado Lobsang Rampa. Según sus propios relatos, él era una reencarnación de un lama que tuvo que huir de su país cuando los chinos invadieron el Tíbet en 1953. La historia estaba contada con total realismo y yo acabé completamente atrapado por aquel libro y por los hechos que en él se relataban. Ya entonces soñaba con viajar a aquellos lejanos e inalcanzables mundos que en mis fantasías imaginaba como el Shangri-la o el último paraíso perdido.

Más tarde devoré con avidez todo lo que ese autor publicó y mi obsesión por el Tíbet aumentó año tras año, hasta que un buen día alguien decidió investigar y llegó a la conclusión que se trataba de un gran fraude y que Lobsang —que en realidad se llamaba Cyril Henry Hoskin— nunca había estado en el Tíbet y tampoco era un monje; pero bueno esa es otra historia y de lo que no hay duda es de que su obra caló profundamente en mí.

Más tarde busqué otros libros que me hablaran de esas tierras y sus montañas. Ya en mi madurez llegaron a mí obras como la de la maravillosa periodista y aventurera Alexandra David-Néel que murió con cien años de edad (1868-1969) después de realizar una increíble proeza en el interior del Tíbet. El libro de Heinrich Harrer (1912-2006), *Siete años en el Tíbet,* basado en hechos reales vividos por el propio autor, aumentó aún más, si cabe, mi deseo de visitar ese país. Finalmente la obra de Michel Peissel, francés afincado durante años en Cadaqués (1937-2011), y su libro *El reino prohibido del Himalaya,* me atrapó e hizo nacer en mí un deseo irrefrenable de conocer el mundo donde se había desarrollado aquella aventura. Mi admirado Peter Matthiessen (1927-2014), con su libro *El leopardo de las nieves,* fue el detonante definitivo para que yo me decidiera a emprender el viaje al Tíbet, a Nepal y al mundo que los rodea, la fabulosa cordillera del Himalaya...

Ramón Feixa,
Queralbs, 2015

Fotografía: Juanjo Rodríguez

CRÓNICAS DESDE EL HIMALAYA

Con estos relatos pretendo contaros en primera persona las vivencias y las sensaciones que he sentido en esos lejanos parajes. Os explicaré el primer motivo que me impulsó a buscar la aventura en tan maravillosos países. Os transmitiré todas las experiencias que viví, las personas que conocí, a las que amé; unas, a las que sigo viendo a menudo y, otras, a las que nunca más volví a ver pero que jamás olvidaré.

Os describiré lugares, paisajes de infinita belleza, horizontes increíbles e intrigantes que quedaron para siempre grabados en mi retina y en mi memoria. Momentos de infinita paz y sosiego, y otros difíciles y duros que marcaron mi carácter e hicieron que valorara como nunca aquellas cosas simples que antes no tenían ninguna importancia para mí.

Aprendí a convivir con las personas y su entorno y, a pesar de los inevitables roces que surgen a menudo con nuestros compañeros de camino, descubrí que los amigos que hacemos en la montaña difícilmente se olvidan; en toda ocasión intenté aprender algo de ellos y por mi parte siempre que lo necesitaron les tendí una mano.

«Todos los viajes forman parte de nuestros sueños,
hasta que se convierten en realidad.
Entonces pasan a ser parte de nuestros recuerdos y
nuestras vivencias»

fía: Shutterstock

Fotografía: Ramón Feixa

RUMBO A NEPAL, 2003

3 1 de julio. Por fin parto hacia lo desconocido, a mi propio encuentro, o quizás solo huya de mi pasado. Solo sé que hoy empieza para mí un sueño tantas veces imaginado.

Ya no hay vuelta atrás. Me siento solo aunque esté rodeado de cientos de pasajeros a bordo del vuelo IB4516 que me llevará hasta Fráncfort. Una vez allí me encontraré con el resto de un grupo casi totalmente desconocido, que serán mis compañeros de viaje en esta maravillosa aventura.

Con el grupo de Madrid estaba Santi, un directivo de empresa que era cliente mío al que me habían presentado unos quince días antes y que por casualidad realizaba el mismo viaje y con la misma agencia que yo.

La coincidencia me alegró mucho, ya que, durante el escaso espacio de tiempo que había estado con él comentando los pormenores del viaje tuve buen *feeling* con él.

Mi estado de ánimo era sereno; creo que me estaba acostumbrando a esa soledad que cada vez me pesaba menos y que debía asumir como el que sería mi nuevo modo de vida a partir de entonces. Debo admitir que me sentía herido de desamor y todavía acumulaba una gran tristeza en mi interior, pero por otro lado también me sentía feliz y liberado.

El encuentro en Fráncfort con todo el grupo fue sobre ruedas; nuestros teléfonos móviles nos facilitaron la labor y no tardamos demasiado tiempo en estar todos reunidos capitaneados por nuestro guía, Xavi Alongina, un experto en cultura budista que dirige con acierto una revista llamada *Cuadernos de Budismo* y una editorial en torno al mismo tema. Ante tal currículo pensé que estábamos en manos del mejor para visitar y conocer las costumbres y la religión de los pobladores del Reino de Nepal y posteriormente del enigmático Tíbet.

Después de las presentaciones y una vez comprobado todo el papeleo, nos dirigimos hacia la puerta de embarque que teníamos asignada. Con nosotros solo acarreábamos la mochila y el equipo fotográfico; nuestros equipajes ya habían sido facturados directamente desde origen hasta destino.

Después de unas cuatro horas de espera en Fráncfort cogimos de nuevo otro vuelo, esta vez rumbo a Doha (Qatar), donde hicimos una pequeña escala.

La noche antes de salir estuve cenando con mis hijos; estaban algo preocupados por mí. Pensaban, no sin razón, que mi preparación física no estaba a la altura de la aventura que iba a emprender. Les convencí que debía hacerlo y que aquello era lo que yo siempre había querido. Parecieron comprenderlo y se alegraron de que pudiera hacer realidad mis sueños.

Fotografía: Shutterstock

Mientras meditaba sobre todos aquellos acontecimientos llegó el momento de coger otro avión; esta vez un vuelo directo hasta Katmandú. La estancia en Doha había sido corta pero asfixiante; el calor sofocante era insoportable. Al descender del avión tuve la sensación de que entraba en un horno y la respiración se me hizo casi imposible. Pero por fin me dirigía a mi última etapa.

Cinco horas más de vuelo y llegaríamos a nuestro destino final, Nepal.

De mis estimadas montañas desde el avión no vi ni rastro. Todo el país estaba cubierto por un espeso manto de nubes, y aunque yo esperaba ver por encima de ellas las cumbres de más de 8.000 metros, la verdad es que me fue imposible divisarlas.

Finalmente, cuando por fin atravesamos aquella barrera de nubes, descubrí un país cubierto por un manto muy verde de vegetación y campos de cultivo, y las montañas rodeando la ciudad y todo el valle.

En el aeropuerto de Tribhuvan en Katmandú nos recogió un destartalado mini-autobús; el gentío esperando la llegada de los turistas y expedicionarios era agobiante. Por todos lados llamaban tu atención para ofrecerte taxi, o simplemente acarrear tu equipaje hasta el autobús o el vehículo todoterreno de turno que te llevaría hasta tu lugar de hospedaje.

El tráfico hasta el centro de la ciudad era caótico; allí todo el mundo conducía anárquicamente y por la izquierda, como en casi todas las ciudades de Asia. Me acordé de mi viaje a Bangkok de hacía unos cuantos años que también me había producido la misma sensación de desorden y caos que parecía ser la norma en aquella ciudad; salir ileso de aquel desbarajuste parecía cuestión de un milagro.

A pesar de todo conseguimos llegar sin problemas a nuestro céntrico hotel, el Royal Singi, donde nos alojaríamos durante nuestra estancia en Katmandú.

Me tocó compartir habitación con un simpático e interesante personaje de Madrid que resultó ser un experto montañero y conocedor de la cultura de Nepal y de otros pueblos. La verdad es que, aun siendo totalmente distintos, simpatizamos bastante rápido y desde aquel viaje compartimos otros muchos, tanto en el Himalaya como en otros países.

Una vez nos hubimos duchado y aseado, salimos en distintos grupos a dar una primera vuelta a pie por la exótica ciudad.

Nuestro hotel estaba cerca del Palacio Real, muy cerca del mítico hotel Yak and Yeti y a tan solo diez minutos del barrio comercial de la ciudad.

Buscamos un restaurante, no demasiado lejos del hotel, y encontramos, justo en una de las avenidas principales, la Durbar Marg, un bonito local llamado Gharko Bar con terraza y barbacoa en el exterior.

Después de la cena algunos se fueron al hotel a recuperarse del largo y agotador viaje. Yo me uní al grupo que optó por conocer los tenderetes que forman las abigarradas callejuelas del barrio de Thamel.

Fotografía: Shutterstock

Me sentía emocionado pues era consciente de que me adentraba en uno de los barrios donde cientos de *hippies* llegados de todo el mundo habían paseado sus miserias y su doctrina de amor libre mientras se ponían hasta arriba de marihuana durante la década de los años 60. En aquella época yo también soñaba con sumergirme en un dulce sueño en aquellos lejanos edenes.

Sin embargo, en la actualidad el barrio ya no conserva casi nada de su antiguo esplendor *hippie*. Además por la noche todas sus tiendas están cerradas y presentan un panorama desolador; se podía observar a personas dormidas en el relativo resguardo que les ofrecían los tenderetes cerrados mientras ratas del tamaño de conejos se paseaban a sus anchas por las polvorientas calles.

A pesar de ello dimos por casualidad con una plazoleta que nos ofreció el primer vistazo de las joyas que nos esperaban al día siguiente en aquella maravillosa ciudad. Se trataba del bonito y desconocido templo de Tridevi Marg que poseía una pequeña estupa que ocupaba el centro de aquella escondida plaza. Decidí volver de nuevo solo al día siguiente con luz.

Antes de retirarme al hotel a descansar comprobé la hora de España y llamé a mi hermana Carol para informarle de mi feliz llegada a Nepal. La diferencia horaria era de unas cuatro horas aproximadamente.

Esa noche dormí plácidamente; la emoción de encontrarme ya en Nepal y la curiosidad por lo que iba a descubrir en aquel país llenaba mi espíritu de sosiego y de alguna manera mi angustia y las penas que me habían llevado tan lejos quedaron en segundo plano. Me dormí casi sin darme cuenta y soñé con un mundo imaginario y con una vida lejos de la rutina y los problemas.

Mi compañero de habitación estaba ya roncando y yo me decidí a imitarlo sin dilación, así es que me uní al concierto y me entregué a los brazos de Morfeo.

Aunque dormí de un tirón, eran apenas las seis de la mañana cuando salté de la cama. Mi compañero seguía plácidamente dormido, pero yo no pude contener el impulso de correr la cortina y contemplar el paisaje que me ofrecía la enigmática ciudad de Katmandú.

Desde mi habitación solo se podían ver edificios y más edificios, ninguno demasiado alto y entre ellos brotes de vegetación que hacían de aquella ciudad un remanso de paz; claro que esto solo era hasta que salías a la calle y te encontrabas con el caos circulatorio y demencial que invadía toda la urbe.

Sin despertar a mi amigo salí de la habitación y me dirigí al *hall* del hotel. A pesar de lo temprano de la hora ya se podía divisar movimiento de las expediciones que partían hacia las montañas o de los grupos que debían coger vuelos hacia otras poblaciones.

Fotografía: Shutterstock

El gran *hall* con grandes ventanales al exterior parecía el punto de reunión de todos los guías y organizadores; no vi a nadie que perteneciera a nuestro grupo así que me entretuve observando las furgonetas y los autocares que llegaban a la puerta del hotel y recogían con asombrosa rapidez a los componentes de cada expedición. Todos ellos desaparecían aún con cara somnolienta, rumbo a saber qué desconocido destino.

Al cabo de un buen rato me acerqué al comedor, que se encontraba en el lado opuesto. Todavía no había demasiada gente pero algunas mesas estaban ya ocupadas por los madrugadores de turno. Una mujer vestida a la usanza nepalí se acercó a mí y, después de hacerme una reverencia y saludarme con un *Namaste* (saludo nepalí que se utiliza para todo), me señaló una mesa situada al lado de las cristaleras que daban a los magníficos jardines rebosantes de flores y árboles.

Al cabo de no demasiado tiempo se fueron presentando algunos de los que integraban nuestro grupo.

Yo, por mi parte, como ya había desayunado abundantemente en el *buffet* libre, decidí darme una vuelta por los alrededores del hotel.

Me perdí por las calles adyacentes, que sorprendentemente no tenían casi tráfico, y me impregné de la sensación que me producía estar tan lejos de todo, en un sitio desconocido y mágico donde todos mis problemas se diluían. Aunque aquella parte de la ciudad no tenía ningún encanto, la gente con la que me cruzaba o aquellos que me observaban con curiosidad hacían que me sintiera en un mundo exótico.

Estupa de Swayambhunath. Fotografía: Ramón Feixa

Sábado 2 de agosto. Aquella mañana, como todos los días a partir de entonces, madrugamos y disfrutamos del magnífico *buffet* de que disponía el hotel; había que cargar las baterías pues nos esperaban buenas caminatas y un calor intenso que solo podíamos mitigar con la botella de agua que todos acarreábamos.

Ese primer día en Katmandú visitamos la estupa de Swayambhunath, una de las más antiguas de Nepal. Su situación en una elevada colina la hace muy interesante; subir un interminable número de escaleras la convierte en casi inaccesible para los que no estén muy en forma.

Este recinto sagrado también recibe el sobrenombre de «Templo de los monos», debido a la abundancia de estos animales que campan a sus anchas en el trayecto de acceso al templo.

Era sábado y la multitud llenaba el lugar; los vendedores callejeros eran muy numerosos y se pegaban a nosotros como moscas. La verdad es que se nos hacían muy pesados, aunque hay que decir a su favor que siempre sonríen y son muy amables, y aunque a veces los trates con desdén o incluso con mala educación, jamás se enfadan, quizás sea por la manera que tienen de ver la vida o por sus creencias religiosas.

El esfuerzo que supone subir los setecientos escalones valió la pena. Una vez en lo alto de la colina, la propia estupa, los templetes y el templo budista que se hallan en el gran recinto nos impresionaron; las vistas desde aquel privilegiado mirador son maravillosas. Desde allí pude contemplar una panorámica de casi 360 grados de Katmandú y en un día despejado se pueden ver a lo lejos las montañas del Himalaya, aunque debo admitir que todavía no me había sido dado el contemplarlas; el telón de fondo ese día estaba tapado por una espesa niebla y numerosas nubes que cubrían el horizonte ocultando mis ansiadas cumbres.

Comprendí que aquella persistente niebla formaba parte del paisaje de Katmandú y su altísimo grado de contaminación. Pensé que debía acostumbrarme a esa situación inevitable.

Hacia el mediodía nos dirigimos a pie hacia el centro de la ciudad cruzando barrios marginales y el contaminado río Bishnumati. Desde el puente de este ancho y sucio río pudimos ver como unos cuantos chavales se bañaban en sus ponzoñosas aguas sin miedo a coger infecciones ni enfermedades, mientras que a pocos metros de distancia por encima de ellos desembocaba una cloaca con todo su contenido fecal. Y a escasa distancia flotaba en el agua el cadáver de un cerdo hinchado como una bota de vino. El olor era insoportable, aunque la escena pudiera parecer de lo más bucólica. No dejé de pensar en los niños de nuestras sociedades civilizadas y en lo diferentes que eran sus juegos y sus baños.

Me junté al grupo que, con Javier Alongina a la cabeza, se dirigía al barrio de Thamel para comer; sabía que Javier conocía bien la ciudad y no dudaba que nos llevaría a comer a algún sitio agradable.

Barrio de Thamel. Fotografía: Ramón Feixa

Efectivamente así fue. Aprendí con él algo que no sabía; le comenté que, aunque era un gran amante de las comidas picantes, debía renunciar a ellas para evitar que mis desagradables hemorroides se vengaran de mí. Él me aseguró que las especias picantes que utilizaban en Nepal, India y otros países similares no producirían en mí el mismo efecto que las comidas picantes de mi país. Yo quise creérmelo y me lancé sin red al experimento. Curiosamente funcionó y desde aquel día parece que soy inmune a la comida picante y a sus negativas consecuencias.

Después de una buena comida en compañía de aquel agradable grupo de amigos, siguiendo mi costumbre de vagar en solitario por las callejuelas de las ciudades que visito, me despedí de ellos y quedamos en vernos al anochecer en el hotel. Me perdí por los cientos de tiendas que existen en el entramado de callejuelas de Thamel y me sumergí entre libros, guías de viajes y planos en la mítica Pilgrims, una de las más famosas librerías de viajes del mundo y desde aquel día visita obligada en todas mis visitas a Katmandú.

Había multitud de tiendas de ropa de montaña y prendas de todo tipo, para deleite de los montañeros que frecuentaban aquel barrio; me di cuenta enseguida de que con la cantidad que me había gastado allí hubiera podido equipar a media expedición. Me sirvió de experiencia para mis sucesivos viajes al Himalaya.

En una de esas tiendas hice mi primera compra útil: unas zapatillas deportivas muy baratas y cómodas. Y en otra tienda especializada en *Tangkhas*[1], adquirí varios *mandalas* dibujados a mano. Aquello fue el principio de un montón de compras compulsivas que finalmente quedarían olvidadas en algún cajón perdido de los armarios de mi refugio en el Pirineo.

---

1   Un *Thangka*, también llamado *Tangka*, *Thanka*, es un tapiz o bandera budista, de sedapintada o bordada. Suele colgarse en monasterios o altares familiares y ocasionalmente es llevado por los monjes en procesiones ceremoniales religiosas.

Thangka budista. Fotografía: Shutterstock

Me cansé de curiosear por los innumerables tendere-tes de todo tipo, tomé una cerveza Everest (etiquetada por el cincuenta aniversario de la ascensión de Sir Edmund Hillary) en un local de nombre New Orléans que acababa de descubrir en pleno corazón de Thamel. Tenía un patio interior situado entre edificios y algo de vegetación. El ambiente era muy bucólico; estaba ambientado con música nepalí de fondo y solo algunas mesas ocupadas. Lo único a criticar fue que la cerveza no estaba demasiado fría. Finalmente decidí volver al hotel.

Paseaba con paso rápido por la acera que estaba frente al Palacio Real. Me llamaban la atención las voces de los muchos vendedores callejeros que ofrecían toda clase de mercancía. Yo los ignoraba y aceleraba más mi paso para que se cansaran de seguirme.

Crucé la ancha calle Kanti Path, uno de los cruces más conflictivos de la ciudad, pendiente con mis cinco sentidos de no morir en el intento pues no tenía ni la más mínima idea de por dónde aparecerían los coches, las motos, las bicicletas y los *rickshaws*[2], que sin duda parecían ir a la caza de los infelices peatones, especialmente de los turistas atemorizados con aquella situación demencial.

Ya cerca de mi hotel oí el susurro de una voz pegada a mi lado que reclamaba mi atención. Hice como si no la oyera y aceleré aún más mi paso, pero era inútil; aquella persona seguía hablándome con una voz tan lastimera que finalmente me forzó a aflojar el paso y a mirarla y escuchar lo que estaba intentando decirme.

Era una mujer joven, aunque parecía mucho más mayor pues su rostro reflejaba todo el dolor y sufrimiento que debía soportar en su vida cotidiana.

---

2 Vehículo con carretilla capotada, movido por una sola persona a pie o en bicicleta para transportar dos pasajeros.

En un brazo llevaba un bebé, todo ojos, muy delgado y con una carita de desnutrido que te partía el alma. En el otro brazo, sujetos con una mano, oprimía con fuerza un montón de bolsitos de tela confeccionados manualmente por aquellas mujeres que tenían en aquello el único medio para mantener a su familia. Siguió caminando a mi lado hasta que nos plantamos en la puerta del hotel; el portero de la entrada principal le hizo una señal para que me dejara en paz, pero yo lo tranquilicé indicándole que estaba conmigo. Nos apartamos de la línea de flujo de clientes y le pregunté su nombre,

–Shabila –me dijo–, *and you*?

–Ramón –le contesté.

Le expliqué que estaría en Katmandú solo algunos días y que más tarde partiría hacia Lhasa en el Tíbet. Me preguntó el día y la hora de partida y me aseguró que estaría allí para despedirse y desearme suerte.

Le pregunté cuántas bolsas de tela sostenía en la mano y, después de decirme la cantidad y el precio, decidí quedarme con todas. Pensé que era una manera rápida de quitármela de encima y ayudarla al mismo tiempo. La imagen de aquel niñito indefenso y desnutrido me acompañó durante mucho tiempo.

Después de despedirme de Shabila, entré en el vestíbulo y me crucé con unos cuantos integrantes de mi grupo que salían a cenar. Sin pensarlo demasiado me fui con ellos pues la verdad es que aquella noche no me apetecía cenar en solitario.

Me sentía muy relajado; todas mis frustraciones y desengaños habían quedado a miles de kilómetros.

Santones en Pashupatinath. Fotografía: Ramón Feixa

Necesitaba un tiempo de soledad y meditación y en aquel país tan lejano creía que encontraría aquello que buscaba.

Las personas que integraban el grupo al que me había incorporado eran jóvenes, simpáticas y con ganas de aventura. Aunque yo era mayor que la mayoría de ellos, me sentí enseguida aceptado e integrado.

Las montañas formaban parte de mi vida desde mi más tierna infancia pero saber que estaba rodeado de la mítica cordillera del Himalaya me llenaba de emoción; tenía ganas de abandonar la ciudad y adentrarme en la gran aventura...

Pero aún me quedaban unos días para visitar más de cerca la capital del valle de Katmandú y sus alrededores.

Esos primeros días en Nepal me permitieron conocer ese hermoso país y la gente que lo habitaba; me sentí subyugado por todo ello. La mayoría de los monumentos que se encuentran en su amplio valle son Patrimonio de la Humanidad por su belleza y la historia que los acompaña.

Monasterio de Kopan. Fotografía: Ramón Feixa

Ese viaje me permitió visitar por primera vez el Monasterio de Kopan y allí tener el enorme placer de que nos dirigiera unas palabras el simpático Geshe Lhundrup Rigsel. A mi pregunta de cómo hacer para ayudar a tanta gente que lo necesitaba, su respuesta fue que posiblemente mi problema solo era saber administrar mi escaso dinero. Se ofreció a administrarlo él en persona, cosa que me hizo estallar en risas.

Aquel día compartimos nuestra comida con los monjes que estaban aprendiendo el camino del budismo, y, lo que es más importante, el verdadero sentido de la vida.

Fotografía: Ramón Feixa

DE MUJERES Y MONTAÑAS

Una reflexión en voz baja en medio de la calma

Mi pasión por las mujeres y las montañas siempre han ido en paralelo.

Ambas son hermosas, misteriosas, inaccesibles e imprevisibles. Siempre me he acercado a ellas con precaución, con respeto, con un cierto temor. Pero siempre con mucha pasión.

Algunas nunca fueron alcanzables para mí y pasaron por mi vida dejando un halo de impotencia, de derrota, y un recuerdo imborrable de lo que podía haber sido y no fue.

A veces una ascensión pudo ser muy dura y larga, pero llegar a la cima siempre me producía una sensación de plenitud difícil de olvidar.

En ocasiones permanecía un tiempo más o menos largo en la cima, extasiándome con el maravilloso paisaje que me rodeaba y que se alejaba más allá del horizonte. Pero, desgraciadamente, siempre tenía que emprender el camino de regreso.

Otras veces permanecía solo, intentando alcanzar todo lo que mi vista podía captar. Después me alejaba poco a poco de aquellas bellas montañas, volviéndome a cada paso a contemplarlas para retener su recuerdo todavía claro en mi mente.

Al final, después de superar varios collados, aquella montaña desaparecía y debía asumir que ella, igual que muchas mujeres de mi existencia, había pasado ya para siempre por mi ajetreada vida.

Durante un tiempo volvía a rememorar las dificultades, los logros y, sobre todo, el objetivo final: la cima. Revisaba fotos, ordenaba mis recuerdos, me llenaba de añoranza y melancolía. Solo al final, cuando me marcaba un nuevo objetivo, una nueva cumbre, desaparecía poco a poco aquel sentimiento de vacío que me embargaba.

Probablemente volvería a cometer los mismos errores; otros los corregiría. Pero encauzaría aquel nuevo horizonte con las mismas ganas e ilusión que había puesto en otras metas. Esa vez alcanzaría la cima, o no, pero al final quedarían la fantasía y la esperanza de haber podido lograrlo.

Después de coronar una montaña, casi siempre me invadía una sensación inexplicable de no querer repetir aquella misma cima nunca más. Aquel momento era único, una conquista que enaltecía mi ego, y temía perder esa maravillosa sensación y la pasión que había motivado aquel objetivo entonces conseguido. Pensaba que ese instante, único, igual que el amor, nunca debería morir.

Las montañas, como las mujeres, marcaron mi vida. Me hicieron terriblemente egoísta y es por ello que pienso que nunca fui capaz de amar por completo a ninguna mujer.

Mientras ascendía una montaña solía contemplar con envidia otras, hermosas, enigmáticas e inaccesibles que la rodeaban. Quizás no eran más perfectas, ni más altas, ni más difíciles, pero algo de ellas me atraía tanto que me hacía sentir un afán insuperable de querer acabar con aquella cima y aventurarme en las otras más desconocidas y quizás más inalcanzables...

El Potala (Lhasa). Fotografía: Ramón Feixa

La búsqueda del Sangri-la, ha obsesionado desde siempre al ser humano.

El día que aterricé en el Tíbet, me sentí más cerca que nunca de aquel mítico país donde reinaban la felicidad, la paz y la armonía.

Ramón Feixa en Llhasa. Fotografía: Juanjo Rodríguez.

EL TECHO DEL MUNDO, 2003

El vuelo que nos llevó de Katmandú a Lhasa sobrevolaba los «ochomiles» más impresionantes de la Tierra. En realidad nueve de las catorce cumbres que superan esta altitud se encuentran en esa impresionante cordillera. Yo tendría por fin el placer de poder contemplar algunas de ellas.

Aunque volábamos en un mar de nubes, cosa normal en época de monzones, todas las principales cimas asomaban majestuosas por encima de ellas, ofreciéndonos un espectáculo inolvidable.

El Cho-Oyu (8.201 m), el Lhotse (8.516 m), el Makalu (8.481 m), y sobre todo, el Everest (8.848 m), inconfundible, solemne, mítico, nos creaba a todos nosotros, pobres mortales, un efecto difícil de describir; parecíamos niños emocionados ante la aparición de un mitológico dragón mientras nuestras cámaras pretendían sacar buenas fotos de aquellos fugaces instantes.

Hace más de cincuenta millones de años, las placas tectónicas que formaban la India y Eurasia se unieron y, como consecuencia de ello, se formó la cordillera del Himalaya, nombre que en sánscrito significa «morada de las nieves», montañas que todavía hoy en día se elevan a un ritmo de un centímetro cada año. El regazo de este escenario de increíbles cumbres alberga el Tíbet, un altiplano de 4.000 metros de altitud media, 1,2 millones de kilómetros cuadrados de superficie y una población que supera los tres millones y medio de habitantes.

Ramón Feixa en el Monasterio de Jokhang en Llhasa.
Fotografía: Juanjo Rodríguez.

Por desgracia en la actualidad la mayoría de esos habitantes son de origen chino que emigraron a este país con un estratégico plan de invasión, a la vez que expulsaron, aniquilaron o marginaron a los verdaderos dueños de este hermoso país, acabando con su cultura, su sistema de vida y sus creencias espirituales.

Después del fabuloso vuelo sobrevolando la cordillera del Himalaya, aterrizamos en el aeropuerto de Lhasa.

Al aterrizar en el aeropuerto de Gongar, a 83 km de la capital (a 3.000 metros), tuve una sensación extraña; quizás fuera por el cambio de altitud, pero mi organismo me daba muestras de encontrarse agotado. Sin embargo, ni una señal de que me doliera —como me habían pronosticado— la cabeza.

Mientras recogíamos los equipajes me senté en una de las salas que estaban alrededor del punto de recogida. Estando allí meditando cuando me ocurrió una cosa muy curiosa: se me acercó un personaje de unos cuarenta y tantos años y me soltó:

—Tú eres de Lleida, ¿verdad?

Me quedé sorprendido y contesté:

—Sí, efectivamente, soy de allí, aunque hace mucho tiempo que no vivo en Lleida.

—Realmente hace mucho tiempo que no te veía; quizás treinta o cuarenta años. Tú eras el *manager* de un grupo de rock que se llamaba *Los Jaguars*. ¿Te acuerdas?

—Esto es cierto; pero estás hablando de hace muchísimo tiempo. La verdad es que yo no me acuerdo de ti.

—Tú te llamas Ramón Feixa, ¿verdad? Mi nombre es Jordi Guivernau.

Me levanté, le tendí la mano y le respondí:

—Joder, qué memoria. Efectivamente me llamo así. Me halaga el hecho de que a pesar de los años me hayas reconocido.

—La verdad es que tienes una fisonomía muy característica y difícil de olvidar.

Con eso, no sé si pretendía decir que era lo suficientemente raro como para no olvidarse de mí, o que quizás conservaba todavía algún rastro de mi lejana juventud.

Me alegró encontrar tan lejos de casa a alguien que me recordaba y que me traía a la memoria inolvidables tiempos pasados.

Nos despedimos y tres días más tarde volvimos a encontrarnos en la gran plaza que se encuentra enfrente del majestuoso palacio del Potala.

Volví a reiterarle mi intención de quedar en Lleida al regreso de nuestro viaje. Se alegró de que fuera así, y a mí me apetecía volver a encontrarnos en Lleida para contarnos nuestras respectivas experiencias en el Tíbet.

Fotografía: Shutterstock

Desde el aeropuerto nos dirigimos a nuestro primer destino. Esa primera noche en el Tíbet pernoctamos en la población de Tsedang, situada en el valle del mismo nombre. Hacía muy poco tiempo que esta zona del Tíbet se había abierto al turismo occidental.

Tsedang es sin duda una de las ciudades importantes del Tíbet, aunque, debido a la abundancia de población de origen chino, ha perdido casi toda su identidad.

Una vez acomodado en el confortable hotel, me decidí a investigar la ciudad. Al salir por la puerta de entrada me encontré con un personaje que venía con el grupo y que me pareció simpático y muy sociable. Tenía un aspecto un tanto regordete y unos tirantes que resaltaban aún más su figura poco esbelta. Pero me pareció un buen compañero de viaje, por lo que decidí compartir con él aquel primer contacto con el Tíbet milenario.

Enseguida noté la multitudinaria ocupación que habían llevado a cabo los chinos en aquella parte del país. La avenida que se abría enfrente de nuestro hotel era una amalgama de bazares, restaurantes y peluquerías. Comprendí que este último negocio no era nada más que una tapadera para encubrir una prostitución extendida. Los gestos e insinuaciones de las jóvenes y hermosas muchachas chinas me sacaron de cualquier duda que pudiera tener al respecto.

Así que no pude evitar hacer un comentario sarcástico sobre el tipo de peinado que pretendían hacernos aquellas jovencitas. Aunque mi compañero sonrió y pareció encontrar simpática mi broma, no pude evitar notar un gesto raro que hizo que yo no acababa de saber interpretar.

De regreso al hotel comprendí lo que había pasado: Isabel, una de las chicas que formaban el grupo, se acercó a mí y sonriendo me dijo:

—Ya veo que te has ido a pasear con el cura. —Al ver mi cara de sorpresa me aclaró que mi nuevo amigo era el párroco de un barrio de Madrid. Así que sin duda me había cubierto de gloria haciendo comentarios obscenos sobre las prostitutas disfrazadas de peluqueras.

Sonreí pensando que no había estado tan mal y que en el fondo la situación me había divertido.

Tsedang está situada a los pies del Monte Gongbori (3.400 m). En este lugar se sitúa la cuna de la civilización tibetana.

Al día siguiente visitamos la fortaleza de Yumbu Lhakang, el fundador del Tíbet. Este palacio es un pequeño y antiguo castillo situado en una colina que se alza a unos nueve kilómetros al Sur de Tsedang, a orillas del río Yarlung en el valle del mismo nombre y a casi 200 km de Lhasa. Según la tradición, esta edificación, levantada en el siglo II a. C., sería el primer edificio edificado en Tíbet y el palacio del primer rey tibetano, Nyatri Tsenpo.

Fortaleza de Yumbu Lhakang. Dibujo de Ramón Feixa

También fue palacio de verano del rey Songtsen Gampo y de la princesa Wencheng, y un monasterio de la escuela de budismo tibetano Gelugpa cuyo actual líder es el Dalai Lama. Esta fortaleza sufrió graves daños durante la Revolución Cultural China, quedando destruida en su mayor parte y conservándose solamente una planta. En 1983 fue reconstruida de nuevo tal y como la podemos ver en la actualidad.

Aunque de pequeño tamaño comparada con otros castillos que se alzan en el Tíbet, la visita vale la pena por las magníficas vistas que se pueden contemplar del amplio valle del río Yarlung.

Cruzando el río Brahamaputra. Fotografía: Ramón Feixa

Monasterio de Samye

Desde Tsedang, a unos treinta kilómetros visitamos Samye, uno de los monasterios más antiguos de Tíbet (de mitad del siglo VIII). Para ello hay que cruzar el gran río Brahamaputra (Yarlung) en una precaria barcaza construida con piel de yak llena hasta los topes de tibetanos y de dudosa flotabilidad. Toda una experiencia.

Este monasterio es sin duda alguna uno de los más bellos del Tíbet. Su planta cuadrangular le da un aspecto arquitectónico muy peculiar.

Si lo contemplamos a vuelo de pájaro, descubriremos que está construido como una representación de un mandala, con un cuadrado en el interior de otro hasta llegar al centro.

Dibujo de Ramón Feixa

Lhasa

El tercer día nos dirigimos a la mítica Lhasa, situada a 3.650 metros de altitud. Es la capital política y religiosa del Tíbet, está atravesada por el río del mismo nombre y situada en un valle rodeado de montañas. La silueta del palacio del Potala sobresale por encima de la ciudad como si de un gran buque se tratara.

A sus pies el monasterio de Jokhang y el barrio de Barkhor con su típico y abigarrado mercadillo que lo rodea constituyen el corazón religioso de la sagrada ciudad.

El barrio conserva todavía las características de un tradicional núcleo tibetano y se está reconstruyendo para poder enseñar a los turistas que llegan a esta mítica y hermosa ciudad los vestigios de un pasado que poco a poco está desapareciendo.

Los viajeros que llegan hasta aquí son sobretodo hordas de chinos que pululan por todas partes con la intención de hacer suya una ciudad que nunca les perteneció.

Palacio de Norbulingka. Fotografía: Ramón Feixa

El turismo occidental es todavía muy escaso debido sobre todo a los pocos visados que se conceden y al elevado coste de los mismos.

Los siguientes días visitamos el palacio de Potala, obra que vale la pena conocer y contemplar, así como informarse de su interesante historia.

Lago Yamzho Yumc. Fotografía: Ramón Feixa

Otro monasterio que visitamos y nos impresionó gratamente fue el monasterio de Sera situado a unos cuantos kilómetros a las afueras de Lhasa. Allí nos fue dado contemplar el funeral de un fallecido según las costumbres tibetanas.

También ese último día en Lhasa pudimos visitar el palacio de verano del Dalai Lama, el Norbulingka, y el fantástico jardín que lo rodea.

El sexto día de nuestra estancia en el Tíbet emprendimos el camino que va de Lhasa a Gyantse. La carretera se va elevando progresivamente hasta rozar los 5.000 metros. Hicimos una pausa para disfrutar del impresionante lago Yamzho Yumco (a 5.107 m) de un azul increíble. Al fondo se divisaban cimas de más de 7.000 metros. Bordeamos el lago con sus banderas de oraciones. Nos detuvimos en un espectacular paisaje donde un glaciar descendía desde unas montañas de gran altura. Pernoctamos en esta ciudad en el hotel del mismo nombre.

Gyantse o Gyangtse es la cuarta ciudad más grande del Tíbet después de Lhasa, Sigatse y Chamdo. Está situada en el condado de Gyangze a 254 kilómetros al Suroeste de Lhasa. Se encuentra a una altitud de 3.977 metros sobre el nivel del mar.

Gyantse se encuentra en la fértil llanura del valle Nyang Chu en la carretera de la Amistad, que une Katmandú, la capital de Nepal, con Lhasa, la capital del

Tíbet. Se encuentra estratégicamente ubicada en las antiguas rutas de comercio del Valle Chumbi, Yatung y Sikkim, que se aglutinaron. La ciudad todavía conserva la esencia de una ciudad de frontera, con caballos y yaks que recorren las calles principales.

A Gyantse se la conoce a menudo como la «Ciudad Heroica». Fue el escenario de una gran batalla entre los tibetanos y las tropas británicas. Durante la expedición del coronel británico Young Husband en 1904, los 500 soldados de la fortaleza de Gyantse resistieron un asedio de varias semanas antes de ser derrotados por las fuerzas superiores de los británicos. La ciudad fue casi destruida en 1954 y de nuevo ocupada en su mayor parte por los chinos en 1959.

La estupa Kumbum es la única estupa de estilo nepalí que se alza en el Tíbet; fue un importante centro de la escuela Sakya del budismo tibetano. Está situada en el interior del monasterio Palkhor, visita obligada de todos los que llegan a Gyantse.

El monasterio Palkhor, también llamado monasterio Palcho, es muy diferente de otros monasterios del Tíbet.

Estructurado como un típico monasterio budista tibetano, fue construido en 1418 y se ha mantenido notablemente intacto e indemne hasta nuestros días. Se encuentra a cien kilómetros al Este de Shigatse a los pies de la colina Dzong.

La característica más notable de este monasterio es que es el único que alberga monjes de diferentes órdenes. Los monjes Gelugpa, Sakyapa y Kahdampa habitan en él en notable armonía. A pesar de que una vez se pelearon y lucharon, las diferentes órdenes finalmente descubrieron una manera de llevarse bien con los demás. Esta especial característica hizo que el estilo de la arquitectura, las deidades consagradas y los murales que adornan el recinto sean muy especiales.

Monasterio Palkhor. Fotografía: Ramón Feixa

La Asamblea, sala principal del monasterio Palkhor, Tshomchen, fue construida entre finales del siglo XIV y principios del XV. Se trata de una estructura de tres pisos.

La planta baja tiene una sala sustentada por cuarenta y ocho columnas que se adornaban con viejos *thangkas* de seda. También alberga una estatua de bronce esculpida con una tonelada y media de este material y acabado en dorado del buda Maitreya.

En el segundo piso del monasterio hay dos capillas dedicadas a Bodhisattva Manjushri y Arahats de la dinastía Ming. El monasterio también conserva una colección de quince mandalas murales. También hay algunos otros atractivos dignos de mención como la colección de alrededor de cien trajes y complementos usados en la ópera tibetana. Estos trajes de seda, bordados y tapices pertenecen a la época de las dinastías Ming y Qing.

El monasterio Palkhor también es popular por su torre, también llamada la «Torre de los Diez Mil Budas». Es sin duda la tarjeta de visita de Palkhor y el edificio más emblemático de este monasterio.

La torre alberga cerca de cien salas de la familia construidas para adorar a Buda. Cuenta con 10.000 figuras de Buda, que le dan su sobrenombre.

Pero sin duda el monumento más importante y característico del monasterio Palkhor es la estupa Kumbum, considerada el símbolo del lugar.

Estupa kumbum. Fotografía: Ramón Feixa

Esta estupa estilo pagoda se compone de cientos de capillas estructuradas en capas y casas que contienen cerca de un centenar de miles de imágenes de varios iconos budistas. En total hay unas 3.000 estatuas, por lo que también recibe el nombre de estupa Myriad Buddha.

Fue un centro importante de la escuela Sakya del budismo tibetano y hoy en día todavía se considera uno de los lugares más destacados y sagrados del Tíbet.

La estupa Kumbum es realmente uno de los templos más característicos del mundo. Es una obra maestra arquitectónica inusual con sus nueve niveles escalonados en forma de pirámide. Su construcción comenzó en 1418 y terminó en 1427.

Esta impresionante estructura tiene treinta y cinco metros de altura de planta octogonal, un exterior de nueve plantas con terraza, 108 capillas y pinturas murales magníficas. Su estructura tiene más de cuatro pisos simétricos, más dos plantas superiores y su cima está coronada con una cúpula de oro.

Al día siguiente —el séptimo de nuestra estancia en el país—, nos levantamos temprano y pusimos rumbo a Shigatse.

Shigatse, también llamada Xigatse, significa «la tierra fértil». Con una superficie de más de 3.875 kilómetros cuadrados, esta ciudad fronteriza es la segunda más grande del Tíbet.

La ciudad está situada a una altitud de 3.840 metros, se asienta en una llanura en la confluencia de los ríos Yarlung Tsangpo (también conocido como Brahmaputra) y Nyang (Nyang Chu o Nyanchue) en el Oeste del Tíbet, y fue la antigua capital de la provincia de Ü-Tsang. También es el nombre del condado circundante y el río Nyangchu donde se encuentran las tierras más fértiles del Tíbet.

En la zona existen unos trece grupos étnicos incluyendo a los tibetanos; es un aglutinamiento típico de las nacionalidades minoritarias. La población de Shigatse asciende a 98.700 habitantes aproximadamente. Esta antigua ciudad tiene una historia que se remonta más de 600 años y es la sede tradicional del Panchen Lama, uno de los líderes espirituales del Tíbet. Es el centro cultural, económico y político del país.

Antes de la década de 1950, la región se mantuvo en un estado primitivo en términos de economía y estilo de vida de su gente.

A raíz de la reforma y la apertura al mundo moderno se construyeron una serie de carreteras que comunicaron las principales ciudades del país a través de los hermosos paisajes del altiplano. La zona también es un punto caliente del turismo chino.

La elevación media está en un rango de 3.840 a 4.464 metros, lo que hace que el tiempo sea más bien frío en todo el área. En el altiplano el clima no es muy agradable debido al viento frecuente y a su atmósfera seca.

La larga historia da esta ciudad le confiere el carácter propio de un patrimonio cultural muy fuerte, sobre todo en relación al budismo.

Los aproximadamente 600 años de edad del majestuoso monasterio Tashilhunpo le dan atractivo e interés patrimonial; tiene un magnífico estilo arquitectónico con un techo dorado y edificios resplandecientes.

Decenas de monasterios pertenecientes a diferentes sectas resaltan la importancia del budismo en este lugar.

Varios grandes festivales que se celebran anualmente en los monasterios, como el Festival de Buda Revelación, dan a la gente la oportunidad de admirar los enormes retratos de tres budas.

Por su ubicación estratégica esta población tiene una gran relevancia tanto turística como estratégica. Debemos tener en cuenta que se encuentra a tan solo 300 kilómetros de la cima más alta del mundo, el monte Everest, y a 150 kilómetros de distancia del monasterio Sakya y también en el camino hacia los lagos sagrados del Tíbet.

Por lo tanto, es una base obligada para todas las personas que se dirigen a estos lugares.

Después de ocho días recorriendo ese país de leyenda, ese día nos quedaba realizar el recorrido de Shigatse a Tingri.

Desde ahí empezaríamos nuestra soñada aventura y el principal motivo que nos había llevado hasta ahí.

Allí también nuestro grupo se separaría del resto: mientras unos se dirigirían hacia Katmandú, nosotros empezaríamos el emocionante camino hacia el Everest.

Fotografía: Ramón Feixa

Everest (8.848 m), el camino hacia la madre del Universo

Durante los seis días siguientes realizamos el *trekking* del Everest, introduciéndonos en el corazón del impresionante Parque Nacional del Chomolungma (nombre con que se conoce al monte Everest en Tíbet, que significa «Madre del Universo»). Casi no encontramos aldeas y acampamos en sitios tan interesantes como uno en el que teníamos de telón de fondo el Choyou.

Pronto ascenderíamos imponentes collados de casi 5.000 metros de altitud y cruzaríamos alguna aldea que ni aparecía en los mapas en las que el tiempo parecía haberse detenido.

Nuestro destino era el lejano valle de Rongbuk, el monasterio del mismo nombre y uno de los más altos del mundo.

No nos cruzamos prácticamente con nadie, y solo los niños que vinieron a recibirnos a la entrada de Lunja, la única aldea que atravesamos, dieron una nota de alegría a nuestro avance hacia el Everest.

Fuimos ascendiendo sin cesar hasta los 4.900 metros de altitud. Y después seguimos subiendo hasta que por fin desde lo lejos pudimos ver aparecer la punta de la cumbre del Everest que asomaba tímidamente por encima de las otras montañas. La visión nos emocionó y poco a poco fuimos acercándonos a nuestro destino: el monasterio de Rongbuk que por unos días sería nuestro campo base a 5.050 metros de altitud.

Esa cara norte de la montaña de todas las montañas fue testigo de la mítica ascensión de George Leigh Mallory y Andrew Irvine el 8 de junio de 1924. Todavía hoy en día persiste el misterio de si esos extraordinarios escaladores fueron en realidad los primeros que ascendieron la codiciada cumbre. Yo quiero creer que fue así pues me dolería mucho que, después de todo el esfuerzo, sacrificio y dolor que tuvieron que soportar, su sueño no se hubiera hecho realidad.

Monasterio de Rongbut. Fotografía: Ramón Feixa

El día que tuvimos que dejar el valle de Rongbuk me invadió una enorme tristeza; pensaba que quizás no volvería nunca más a contemplar esa maravillosa montaña. Aquel rincón del mundo me parecía el más hermoso que había contemplado jamás.

Por la mañana temprano se presentaron en nuestro campamento un par de vehículos Toyota que acarrearían nuestro equipaje y a nosotros mismos.

Antes de cargar los todoterrenos nos acercaron hasta el campamento base chino y el camino de inicio a la cumbre del Everest.

El campamento base fue una decepción: un montón de grandes tiendas apiñadas que parecían una especie de absurdo bazar para los montañeros que llegaban hasta aquellas alturas.

Aunque intentamos seguir un poco el sendero de acceso hacia las morrenas, después de cruzar algunos ríos de diversos tamaños nos vimos obligados a dar media vuelta pues la intensa lluvia amenazaba con que aquellas más o menos pequeñas corrientes de agua se convirtieran en cursos de peligroso caudal.

Pero todavía me quedaba una sorpresa más con la que culminó aquel inolvidable día. Cuando ya nos habíamos despedido del poco interesante campamento chino, nuestro guía tibetano hizo detenerse el todoterreno y nos invitó a los que quisiéramos a trepar unos metros en dirección a un monasterio que casi no se veía y que quedaba oculto entre las piedras. Yo, junto con algún par de compañeros nos apuntamos a aquella experiencia. La aventura valió la pena. Aquel pequeño monasterio era la morada de un lama ermitaño que habitaba en aquel apartado lugar, lo que lo convertía posiblemente en el monje que vivía a mayor altura del mundo.

El lama, que conocía a nuestro guía, se alegró muchísimo de nuestra presencia y nos invitó a compartir con él un té de manteca de yak con la única taza que poseía.

Nos enseñó el sitio donde dormía, una especie de zulo húmedo que por la noche cerraba con una madera para guarecerse del frío, y una raída manta. Hacía ya varios años que habitaba en aquel duro aislamiento.

Por si teníamos alguna duda de que aquello pudiera ser un montaje, cuando pretendimos darle algún dinero él lo rechazó con una sonrisa añadiendo que nuestra visita era la mejor de las recompensas.

Durante un tiempo imaginé la vida de aquel feliz lama que en su soledad conseguía encontrar el verdadero sentido de su vida. Nos explicó que no tenía necesidad de salir de aquel lugar pues de vez en cuando realizaba viajes astrales que le llevaban a sitios insólitos y que así le era concedido contemplar todas aquellas montañas desde alturas inimaginables. El hambre y el frío los combatía con oración, meditación y fe. Otros lamas del cercano monasterio de Rongbuk y algunos amigos lo visitaban de vez en cuando para llevarle *tsampa*[3], el único alimento que tomaba, y no siempre a diario.

Abandonamos aquel mágico lugar, pasamos por nuestro campo base, recogimos todas nuestras pertenencias y emprendimos el viaje de regreso a Tingri, a donde, después de recoger algunas cosas que habíamos dejado en un hotel antes de empezar el *trekking*, nos dirigimos a través de una precaria carretera.

---

3   *Tsampa* es un alimento básico del tibetano, particularmente prominente en la parte central del país. Se trata de harina tostada al fuego, generalmente harina de cebada y a veces harina de trigo o harina de arroz. Se los suele mezclar con el té con mantequilla salado tibetano.

Fotografía: Shutterstock

La pista fue ascendiendo hasta llegar al collado de Lalung La donde hicimos una breve pero espectacular parada, aunque el lugar era frío debido a la altitud (5.050 m). El espectáculo que se contemplaba frente a nosotros valía de sobra las molestias que el viento o el frío nos podían causar. En el horizonte se levantaba con toda su grandiosidad la cordillera del Himalaya y en ella pudimos reconocer fácilmente algunas de las montañas más emblemáticas de la Tierra: el Everest, El Chou You, el Makalu, etc.

Quizás desde ningún otro lugar del mundo se podía observar un número tan importante de «ochomiles» en la cordillera del Himalaya.

Seguimos la ruta hacia Nyalam. Esta población sin demasiado encanto me recordó a muchas ciudades de montaña que existen en las laderas del Pirineo; su calle principal, totalmente repleta de tiendas de artículos deportivos y restaurantes a cada paso, estaba invadida por un importante número de personajes con aspecto de montañeros y escaladores expertos.

Al informarme comprendí la causa de aquella circunstancia: la población era el punto de partida para la ascensión de una montaña que divisamos cuando nos acercábamos y que se trataba de la única «ochomil» situada totalmente en territorio tibetano: el Shishapangma (8.038 m).

Desde este lugar proseguimos nuestro camino hacia Nepal, sin duda alguna por una de las carreteras más peligrosas del mundo. Así descendimos vertiginosamente por lo que parecía un abismo sin fin a nuestra derecha.

Carretera en el Tíbet. Fotografía: Ramón Feixa

La carretera nos conduciría hasta Zhangmu, el mítico país donde pasaríamos nuestra última noche, para después continuar hasta Nepal atravesando el famoso Puente de la Amistad.

Zhangmu es una ciudad fronteriza literalmente colgada de una ladera de las montañas del Himalaya. Eso hacía de aquel lugar un sitio muy peligroso para vivir.

Alguien me contó que hacía unos años una terrible tormenta arrastró las casas y a muchos de los habitantes de aquella población al fondo del impresionante abismo por donde transcurre el cauce del río.

Esa noche la pasamos en un hotel cutre con vistas al abrumador precipicio. Me pasé la noche soñando que el edificio con nosotros dentro rodaba hasta el fondo del barranco acabando con nuestra aventura y con cualquier esperanza de volver a la comodidad de nuestras casas.

Por suerte solo fue una pesadilla y al día siguiente, siguiendo la costumbre, nos levantamos temprano dispuestos a cruzar la frontera y a dirigirnos a la seguridad de Katmandú.

Mi último recuerdo de aquel fascinante país fueron unos chinos malcarados que gritaban y pegaban con un palo a los infelices nepalís que pretendían pasar la frontera saltándose la larguísima cola. A nosotros como turistas se nos trató con privilegio y se nos permitió colarnos delante de aquella pobre multitud.

Como primero del grupo que era, me planté frente al funcionario uniformado que tenía pinta de Mao Setung con la mejor de mis sonrisas y mi pasaporte en la mano. Él tomó el documento y me miró fijamente observando mi larga melena que no salía en la foto. Me analizó y, antes de sellármelo, abrió un cajón de su mesa y extrajo de él lo que parecía un revólver y me lo apoyó directamente en la frente. Me quedé helado, di un paso hacia atrás y levanté las manos. Todos estallaron en carcajadas y hasta el funcionario triste y antipático dejó escapar una sonrisa. Entonces me fijé en lo que estaba pasando en realidad: aquel «arma» no era nada más que un medidor de temperatura que tenían para el control de posibles amenazas de contagio. Se daba la circunstancia que en esas fechas se había producido una alarma de posible brote de fiebre aviar; a nosotros, aislados en la región del Everest, no nos había llegado la noticia.

Finalmente acabé partiéndome de risa y lo que pareció algo terrorífico se quedó en una divertida anécdota que el malasombra de uniforme contaría algún día a sus nietos.

Dibujo de Ramón Feixa

Por fin cruzamos el control fronterizo; al otro lado nos esperaba un todoterreno que nos llevaría hasta Katmandú. Pero apenas pudimos hacer 500 metros pues la avalancha que teníamos enfrente nos obligó a detener el vehículo y a pasar con peligro aquel obstáculo que parecía infranqueable. De uno en uno y a toda pastilla dejamos atrás la avalancha; teóricamente al otro lado debía recogernos otro automóvil o autobús. Sin embargo, alguien se acercó a nuestro grupo y nos aconsejó abandonar el camino y tomar un atajo que, descendiendo a través de la montaña, nos llevaría hasta el Puente de la Amistad y a Kodari, población fronteriza que ya pertenecía a Nepal.

Aquel camino era una espesa selva húmeda y resbaladiza. Los mosquitos, numerosos bichos desconocidos y las sanguijuelas campaban allí a sus anchas.

Delante de mí caminaba mi amigo Enrique. En un momento dado me fijé en que tenía un reguero de sangre que le descendía desde la cabeza y le penetraba en la camisa manchándosela. Se lo advertí, paramos y tras quitarse el pañuelo que le cubría la cabeza descubrimos que una sanguijuela de considerable tamaño se estaba cebando con él.

Cruzar aquel conocido puente me hizo mucha ilusión, aunque comprendí que en realidad solo se trataba de un nombre con un significado ficticio, pues la amistad entre aquellos dos países que en teoría unía no era más que un eufemismo.

«Podrán ignorar la voluntad de un pueblo.
Podrán perseguirlos, torturarlos y masacrarlos.
Pero nunca podrán acabar con la libertad de sus
pensamientos»

«Que nadie mate nuestro afán de libertad»

Fotografía: Ramón Feixa

Una odisea que marcó para siempre la historia del Everest

Aunque la primera ascensión del monte Everest en 1953 se atribuye a Edmund Hillary y al sherpa Tenzing Norgay, no sería justo obviar la impresionante hazaña de George Mallory y Andrew Irvine, dos montañeros ingleses que en 1924 realizaron una gesta que hasta nuestros días nos ha dejado la duda de que en realidad fueran ellos los primeros que pisaron la cima de la montaña más alta del mundo.

Fuera o no esto verdad, lo cierto es que nadie puede negarles el haber estado tan cerca de alcanzar la gloria, pagándolo con sus propias vidas. Vaya aquí mi respeto y admiración por estos intrépidos aventureros que sin duda merecían haber cumplido su sueño.

George Mallory, preguntado por un periodista que por qué hacía aquello, contestó:

—Porque está ahí.

Fotografía: Juanjo Rodríguez

Reflexiones sobre mi viaje al Tíbet

Este maravilloso viaje ha enriquecido mi vida. Igual que del tiempo vivido junto a ti solo conservo los buenos recuerdos y he borrado para siempre aquellos que me entristecieron.

La vida es así, de lo vivido solo queda el recuerdo; el presente al instante ya es pasado y después solo nos queda la esperanza y la memoria de lo que un día amamos. Me entristece saber que hay personas en mi vida que olvidaron los buenos tiempos pasados y solo se quedaron con lo que les pareció malo y que en todas las relaciones existe.

Hoy, ya de regreso, no pienso en lo dura que fue la ascensión, ni en las noches de soledad en mi tienda de acampada; no me acuerdo de los fuertes dolores de cabeza que sufrí algunas noches y se me olvidaron por completo algunos roces que inexorablemente surgen siempre con los compañeros de camino. Hoy solo pienso en lo maravilloso que fue contemplar el Everest a esa altura y haber estado tan cerca de él; la agradable sensación de levantarme antes del amanecer para contemplar aquella majestuosa mole frente a mí, mostrándose con toda su belleza e intimidante presencia.

Durante los cuatro días que acampamos en Rongbuk, la climatología nos regaló un tiempo magnífico; la casi omnipotente niebla que cubría y ocultaba la madre de las montañas desapareció para volver solamente el último día.

Aunque las fotos de esa visión que me fue dado contemplar cuelgan de algunas de las paredes de mi casa, nada es comparable a la emoción que sentí en todo mi ser. Espero que el paso del tiempo –que todo lo borra– no pueda destruir aquellos instantes de gloria.

El Potala en Lhasa y vestigios de la invasión China. Fotografía: Ramón Feixa

RESUMEN HISTÓRICO DEL TÍBET

Me gustaría traeros aquí un poco de historia de este país que tanto admiro; así creo que comprenderéis un poco mejor el porqué de mi devoción por la cultura y entereza de este gran pueblo y la gente que lo habita.

En el año 1950, la República Popular China, abusando de su potencial bélico y el afán de imperialismo que siempre le ha caracterizado, invadió la parte oriental del Tíbet creando un conflicto enquistado sin vías de solución hasta nuestros días, ante la casi total indiferencia de los demás países libres del mundo.

Ese mismo año, el decimocuarto Dalai Lama, Tenzin Gyatso, con tan solo quince años asumió la jefatura del Estado. El 23 de mayo, bajo coacción, los líderes tibetanos fueron obligados a firmar un tratado de anexión de su país por parte de la Administración China.

Tres años más tarde la población tibetana, harta de la opresión de los chinos, se rebeló a la ocupación y se produjeron disturbios y enfrentamientos armados, en inferioridad de condiciones por parte de los tibetanos.

En esa época el Dalai Lama visitó la República Popular China en actitud conciliadora y se reunió con el poderoso Mao con el fin de poder llegar a algún acuerdo pacífico y terminar con las matanzas y torturas que sufría inexorablemente el poco beligerante pueblo del Tíbet.

En 1959 todavía no se había producido ningún cambio por parte del gobierno chino y la violencia había aumentado hasta límites insostenibles. Los continuos choques entre los ocupantes chinos y la débil población tibetana causaron más de 90.000 muertos solo en Lhasa. En todo el país fueron destruidos más de 6.000 templos y muchos lugares históricos fueron echados abajo sin ningún miramiento.

En marzo de ese mismo año el Dalai Lama y sus ministros se vieron obligados a huir de su querido país y a instalarse en Dharamsala, en el Norte de la India, un país que los acogió y en donde todavía permanecen los más importantes representantes del Tíbet en la actualidad, huyendo así de la durísima represión china.

Desde el año 1963 hasta 1971, China prohibió a los extranjeros visitar Tíbet, dejando a este maravilloso país totalmente aislado e indefenso ante la devastadora dictadura China.

Fotografía: Ramón Feixa

A continuación el gobierno chino creó la Región Autónoma del Tíbet y promovió un asentamiento a gran escala de la población china en la toda región con el único fin de acabar con la cultura y con cualquier vestigio de los auténticos dueños del país.

La Revolución Cultural China tuvo como consecuencia la destrucción de innumerables monasterios y bienes culturales tibetanos.

Hasta 1979 no tuvo lugar el primer contacto entre el Dalai Lama desde su exilio y los representantes del gobierno chino, aunque lamentablemente esto no cambió para nada la actitud autoritaria de los que se consideraban dueños del mundo.

Un año y medio después de que el Dalai Lama hiciera público su plan de paz de cinco puntos para el Tíbet ante el Congreso de los Estados Unidos, el gobierno chino decretó la ley marcial en Lhasa tras tres días de reivindicaciones y diversos disturbios que acabaron con violencia por parte del Ejército chino.

El 10 de diciembre de 1989, al Dalai Lama se le concedió el Premio Nobel de la Paz en reconocimiento a su labor y al amor que profesaba por su pueblo.

En agosto de 1994, la comunidad tibetana en Suiza acusó a China de la muerte de 1,2 millones de ciudadanos tibetanos y la destrucción de más de 6.300 templos y del patrimonio histórico del país, sin que las comunidades y los gobiernos mundiales reaccionaran y apoyaran a un pueblo que solo ansiaba su libertad.

A finales del año 2000 se reanudan los contactos entre las autoridades chinas y el gobierno tibetano en el exilio, que propone una alternativa intermedia que conlleva la renuncia a la independencia a cambio de una autonomía que permita al Tíbet conservar su cultura, su idioma y su identidad.

El paisaje de Mustang. Fotografía: Ramón Feixa

MUSTANG, 2005

Aunque podáis pensar que todo el paisaje de la gran cordillera del Himalaya es parecido, os puedo asegurar que cada zona, cada región, tiene unas características distintas.

Cierto que las montañas están ahí, pero no hay dos iguales; cada una tiene personalidad propia.

Cuando me ofrecieron la oportunidad de visitar Mustang, el «reino prohibido», me sentí un privilegiado. De todas las zonas del Nepal, esta era sin duda una de las que más me apetecía visitar.

El viaje empezaba en Katmandú, ciudad que se estaba convirtiendo en destino obligatorio de nuestras expediciones y punto de partida hacia el Himalaya desconocido. Como la vez anterior, los primeros días los dedicamos a visitar el hermoso valle de Katmandú y a hacer los preparativos para la expedición, a conocernos entre nosotros y a los guías que nos acompañarían, así como a realizar compras de última hora de aquellos complementos que podíamos necesitar para la aventura

Componentes de este viaje: Juanjo, Fernando y Mónica «la Barbie» de Madrid, Montse, Martí y Ramón de Cataluña. Guías: Tec y Bhinod. Fotografía: Juanjo Rodríguez.

Esta vez nos alojamos en el mítico hotel Yak and Yeti, y después de las consabidas visitas obligadas, partimos rumbo a Pokhara y desde allí hacia Mustang, el reino escondido del Himalaya.

El breve vuelo desde Katmandú hasta Pokhara lo realizamos en un avión de tamaño medio, pero os puedo asegurar que aquel fue sin duda uno de los vuelos más intimidantes que he realizado en mi vida. Aunque la mayor parte del trayecto fue de lo más tranquila, en un momento corto pero intenso –que a mí me pareció eterno– el avión descendió en picado unos cien metros.

Todo el pasaje se puso muy nervioso y a más de uno se le escapó un grito espontáneo; algunos se pusieron a leer el periódico aparentando tranquilidad sin darse cuenta de que lo sujetaban al revés (además de que estaba en nepalí, idioma que la mayoría de los que estábamos allí no entendíamos). Yo, literalmente muerto de miedo, pensé que vaya faena si aquel era mi final, pues ni siquiera tendría la ocasión de ver cumplido mi sueño de conocer el mítico reino perdido de Mustang.

Pero, por suerte, todo pasó en escasos minutos y después volvió la normalidad.

La gente sonreía aparentando serenidad y valentía aunque os aseguro que yo no me atreví a moverme de mi posición mientras me agarraba con fuerza a mi sillón.

Ya no hubo ningún incidente digno de comentar; todos respirábamos con normalidad y los más creyentes daban gracias a sus dioses por seguir todavía vivos.

Pokhara es una población situada a orillas de un gran lago, el Phewa, que posee un bonito templo en sus aguas llamado Tal Barahi y que disfruta de unas vistas espectaculares de los Anapurnas y Machapuchare.

Es la ruta de salida para realizar el *trekking* circular de los Anapurnas.

En teoría solo debíamos pasar una noche en esa bonita ciudad, pero si las inclemencias del tiempo nos jugaban una mala pasada, con toda probabilidad el vuelo que debía llevarnos hasta Jomosom podía retrasarse unos días.

Hubo suerte y al día siguiente pudimos volar a nuestro destino sin ningún problema. En realidad el avión que nos llevaría era una pequeña avioneta de hélice con capacidad para dieciocho pasajeros y el equipaje amontonado en la cola del avión.

Ese vuelo es impresionante, por no decir temerario. El itinerario transcurre a través de la que es conocida como la garganta más profunda del mundo, entre el Daulaghiri y los Anapurnas, ambos de más de 8.000 metros de altura. Por el fondo del impresionante barranco transcurre el caudaloso río Kali Gandaki en busca de las aguas del sagrado Ganges.

Las vistas que se contemplaban desde las ventanillas del precario avión eran majestuosas e impresionantes. Solo por divisar aquel espectáculo valía la pena correr el riesgo de volar en aquel inestable aparato de la compañía Bhuda Air y superar mi inevitable y siempre presente miedo a volar... (aunque debo decir que los pilotos de los vuelos internos en el Nepal son muy expertos y conocen a la perfección sus pequeños aparatos voladores).

Tras una breve parada en Jomsom, a 2.700 metros de altitud, emprendimos camino hasta nuestra primera meta, la población de Kagbeni, donde pasaríamos la noche. Al día siguiente, después de los obligados papeleos en el puesto de control, nos sellarían los visados y comenzaríamos nuestra esperada ruta.

Nada más cruzar el precario puesto fronterizo nos adentramos en el desconocido Reino de Lo. Seguimos la orilla derecha del Kali Gandaki en dirección norte. El cauce de ese caudaloso río estaba bajo mínimos y, a pesar de la enorme distancia entre orilla y orilla, solo un más o menos poderoso caudal surcaba por el medio aquel ancho valle.

La distancia entre Jomsom y Kagbeni la realizamos en unas tres horas y nos plantamos a 2.810 metros de altitud.

El valle del Kali Gandaki. Fotografía: Ramón Feixa

Esta población ya tenía un aspecto bastante tibetano, aunque podía observarse su posición de paso de viajeros que hacían un alto en el camino descendiendo desde el monasterio de Muktinath, un lugar sagrado que se encontraba en la ruta circular de los Annapurnas, muy concurrida por turistas y peregrinos que se dirigían o venían de allí. También era lugar de paso de los que se adentraban en Mustang o en el todavía más misterioso territorio del Dolpo.

Para que os hagáis una idea del efecto dañino que tiene la masificación en estos lugares, había algunos hoteles con estética Suiza y hasta el despropósito de un «Yak Donalds». Todos ofrecían conexión a Internet y todo tipo de comodidades occidentales.

A pesar de todo, en esa surrealista población hay un «chorter» que algunos jóvenes nativos emplean para aparcar sus destartaladas motos, además de algunos molinillos de oración y un monasterio que visitamos por las interesantes vistas que podían contemplarse desde su azotea.

Montamos nuestro primer campamento en el patio de una de las casas en la entrada del pueblo.

Al día siguiente nos levantamos temprano, disfrutamos de las maravillosas vistas que se divisaban de la cara norte de los Annapurnas, y proseguimos nuestro camino.

En nuestro largo camino hacia LoMantang, la capital de Mustang, nos cruzamos con algún pequeño grupo de nativos que encima de sus ágiles caballos cruzaban los altos collados de esa zona casi desconocida del Himalaya.

Los caballos de este país no son demasiado grandes pero sin duda son ágiles, fuertes y muy veloces. Me sorprendió que el país tuviera el mismo nombre que los caballos salvajes de Norteamérica, y también el de un mítico coche de los años 60; creo que es solo una coincidencia y que nada tiene que ver con el capricho de los hombres.

La población de Mustang es en su mayor parte de etnia bhotia de origen tibetano; por su aislamiento conserva en estado puro todas las características de esta raza que por desgracia ya casi no puede encontrarse en su país de origen.

Seguíamos la ribera derecha del río, con subidas y bajadas continuas, hasta que a unas tres horas de camino apareció el primer pueblo situado a la orilla del Kali Gandaki. A este pueblo, llamado Tangbe y situado en una colina, se llegaba atravesando un caudaloso río que fluía desde las montañas hacia el Kali Gandaki.

Gargantas de Mustang. Fotografía: Ramón Feixa

No había ningún puente para cruzarlo y la única posibilidad era descalzarnos, arremangar nuestros pantalones y sumergirnos hasta las rodillas en las frías aguas del río Ghidiya Khola.

Todos empezamos a quitarnos los zapatos pero a Mónica parecía no hacerle ninguna gracia cruzar con sus propios pies aquel curso fluvial. Nuestro joven y simpático guía Bhinod se ofreció a cargarla sobre sus espaldas, cosa que a ella le pareció fabulosa, a su pareja nada gracioso y al resto muy divertido. Para Bhinod fue una buena ocasión para agarrar a Mónica por las nalgas y Fernando su compañero no pudo disimular un mosqueo considerable.

En aquella aldea de estructura completamente tibetana no nos detuvimos, pues nuestro objetivo era hacer una pausa en el siguiente pueblo llamado Chusang, donde pararíamos para descansar y comer algo. Allí pudimos observar unas primeras muestras de las paredes pintadas artísticamente por los nativos con rayas casi siempre en colores ocres o amarillos. Desde Chusang se podían observar unas espectaculares vistas de los acantilados del Kali Gandaki.

Desde ese bonito pueblo el camino seguía descendiendo hasta llegar al curso del gran río, y por la orilla derecha de aquel cauce nos desplazamos hasta encontrar una barrera natural que formaba una especie de túnel que cerraba el paso hacia el Norte. Por suerte allí habían construido un precario puente de madera que nos permitió cruzar al otro lado y acometer una subida muy pronunciada hasta la población que se divisaba al final de aquella dura ascensión, que nos costaría unos quince minutos más de esfuerzo. Al final de aquella pendiente se encontraba Chele, nuestro objetivo y campamento base.

El río Kali Gandaki. Fotografía: Ramón Feixa

Nuestros porteadores montaron las tiendas en la típica azotea de una casa tibetana; nos aseamos, llenamos nuestros estómagos y nos dispusimos a descansar, no sin antes contemplar el extraordinario paisaje que aquel perdido país nos ofrecía. Me quedé enfrente de mi tienda hasta que el sol desapareció y al día siguiente me levanté muy temprano con la idea de no perderme la espectacular salida del sol por encima de las montañas iluminando el fondo de aquellos profundos barrancos por donde discurría el mágico Kali Gandaki.

Esa mañana emprendimos temprano nuestra marcha en continua ascensión hasta el corazón del Mustang; desde Chele nos dirigíamos a Guiling.

Aldea de Mustang. Fotografía: Ramón Feixa

El sendero que seguíamos era la única ruta posible, paso obligado de las caravanas de Yaks, mulas de carga y los veloces caballos montados por sus orgullosos jinetes.

A la izquierda del sendero escalonado se levantaban algunas aldeas de difícil acceso, tales como Gyaker y otras de las que ni tan siquiera sabía el nombre.

Debo reconocer que esa jornada me resultó bastante dura. No por la dificultad del camino, sino por la mucha distancia a recorrer. Las vistas eran preciosas.

Tuvimos que superar unos tres collados bastante fáciles, pero teníamos que ascender continuamente para volver a descender inmediatamente, cosa que se nos hacía bastante pesada. Estábamos adentrándonos en un paisaje monótono, muy árido y casi desértico; de vez en cuando nos cruzábamos con alguna aldea de aspecto totalmente tibetano. Yo no podía evitar detenerme de vez en cuando y girar mi vista hacia atrás para contemplar la imponente barrera que nos ofrecía la cara norte de los Annapurnas (8.078 m) y el Nilgiri (7.061 m).

Tras unas nueve horas de trayecto llegamos a Guiling (3.415 m) donde instalamos nuestro campamento.

Después de cinco días de subir y bajar collados de más de 4.000 metros divisamos lo que parecía una ciudad fortaleza. Desde el collado Lo Lha (4.000 m) contemplamos unas maravillosas vistas de Lo Manthang, la capital del reino de Mustang.

Conforme nos acercábamos a ella nos dimos cuenta de que se trataba de una fortaleza inexpugnable y su entrada solo era factible a través de una gran puerta que por las noches se cerraba a la ocho en punto desde tiempos inmemoriales. El interior de la ciudad conservaba todo el encanto de una población tibetana anclada en la Edad Media.

Instalamos nuestro campo-base en el patio de una de las casas adosadas a la muralla que tenía un acceso al exterior de la población.

Nuestras comidas y cenas las realizábamos en el comedor del interior de aquella casa. La distribución de aquellas viviendas seguían todas un mismo estilo; las comidas solían hacerse alrededor de una sala con bancos que servían también para dormir y descansar.

Fortaleza en Mustang. Fotografía: Juanjo Rodríguez.

Un gran ventanal se abría hacia la plaza situada delante del edificio, donde había una fuente pública y el Palacio Real ocupado por el rey; allí este realizaba todas sus audiencias e incluso recibía a todos los extranjeros que se aventuraban hasta aquel remoto lugar.

Mientras observaba aquel entorno observé a una joven tibetana que me miraba y sonreía con complicidad. Le devolví la sonrisa y le hice un saludo que me devolvió con alegría y bastante timidez.

«Cuando se visitan determinados lugares, es un hombre el que sale de viaje y otro el que regresa»
PETER MATTIESSEN

Mustang, también llamado «País de Lo». Fotografía: Ramón Feixa

*«Hay lugares que, una vez los hemos visitado,
difícilmente podremos olvidar.
Dejarán un recuerdo imborrable y una sensación de
haber despertado de un sueño maravilloso, del que no
quisiéramos despertar.
Mustang sin duda es uno de esos reinos que poblaron
nuestras fantasías juveniles.
Y llenaron las expectativas que nosotros teníamos de él»*

Fotografía: Ramón Feixa

DOLPO, AGOSTO DE 2007

El país del leopardo
de las nieves

En el año 2006 había tenido el placer de disfrutar de una magnífica película rodada por Eric Valli y un equipo de cineastas franceses, mitad documental y mitad drama realista. Me emocionó e hice averiguaciones de cómo se filmó aquella fantástica historia y cuanto más sabía más enganchado me encontraba a aquel increíble filme.

Su título era *Himalaya* y en ella se relataba la gesta de todo un pueblo de la región del Dolpo, situado entre Nepal y el Tíbet.

Sin duda este es uno de los últimos rincones más increíbles de nuestro planeta. Un destino de ensueño, una forma de vivir la vida, uno de los últimos reinos todavía vírgenes del planeta. Un lugar donde los corderos son azules, los lagos de color turquesa, las montañas de cristal y los leopardos –que posiblemente nunca podamos contemplar– blancos como la nieve.

Después de un par de días en Katmandú, como siempre solíamos hacer, cogimos un vuelo hasta Nepalgunj en la frontera con la India, uno de los lugares con menor atractivo que se me ha dado contemplar, una ciudad deplorable con un hotel donde los mosquitos anófeles campaban a sus anchas. Se nos amenazó con la posibilidad de que tuviéramos que permanecer unos días en esa nefasta población. Yo me lo tomé con muy mal humor pues detestaba aquella horrible población y el calor insoportable que hacía allí. Por suerte al día siguiente después de varias horas de espera pudimos salir hacia nuestro destino, el aeropuerto de Juphal en la puerta de entrada al Dolpo.

Este país es una joya protegida por elevadas e inaccesibles montañas. Su aislamiento en una región escarpada y fría lo convierte en un destino mágico, rodeado por alguna de las montañas más altas y hermosas del Himalaya fronterizo entre Nepal y Tíbet.

Luego cruzamos grandes extensiones de verdes campos donde la marihuana crece a su antojo. Pasamos por poblados protegidos por budas de colores morados, naranjas y amarillos que moran en milenarios monasterios. Fieros mastines de pelo canela nos ladraban a nuestro paso mientras cuidaban de los rebaños de yaks y el humo ascendía desde las tiendas de los pastores nómadas hacia el cielo, movido por el viento que ondeaba las banderas de oración que elevaban sus plegarias a los dioses.

Alguien escribió: quizás este no sea el lugar más lejano y olvidado de la Tierra, pero sin duda su superficie es menos conocida que la de la Luna o Marte. Seguramente existan otras regiones más hermosas, exuberantes, pero ninguna tan misteriosa, luminosa y sabia. El viajero puede ir más lejos pero es imposible que logre alcanzar la sensación de soledad y libertad que yo sentí allí.

Tras tres horas de trayecto a través de montañas impresionantes llegamos a nuestro destino.

Aterrizar en Juphal es toda una odisea. La cortísima pista de aterrizaje (no más de 300 m) está encaramada en lo alto de una cima de 2.500 metros, rodeada de picos de vértigo. El final queda cortado por un barranco cuya profundidad no quiero ni imaginarme. Para rematar, una especie de pináculo rocoso adorna el lado derecho de la mal llamada pista. Creo que nadie con un dedo de frente se aventuraría a aterrizar en ese aeródromo del demonio. El asfalto por supuesto no existía.

Aeropuerto de Juphal. Fotografía: Ramón Feixa

Sentimos una irrefrenable alegría de agradecimiento por estar vivos pues nadie podía ocultar el miedo que pasamos en aquel corto pero temerario aterrizaje. Hubo aplausos y risas histéricas.

En el aeropuerto tuvimos la agradable sorpresa de reencontrarnos con Tec, el guía que nos acompañó en el *trekking* de Mustang. Él también se alegró mucho de vernos. Sin embargo nos dio una mala noticia cuando le preguntamos por Bhinod, el simpático guía que también había venido con nosotros en esa aventura. Nos comunicó que hacía un año que había fallecido en un accidente.

A mi memoria acudieron los divertidos momentos que aquel muchacho nos había hecho pasar y las anécdotas que había protagonizado con Mónica, por la que se sentía atraído.

Desde aquel inaccesible aeropuerto descendimos por un camino hacia el fondo del valle por donde discurría el río Thulo Bheri. Al poco tiempo cruzamos el primer poblado, Rupgar, donde como ya era habitual los niños nos recibieron con la curiosidad y el alboroto correspondientes. Juanjo empezó a repartir lápices de colores y se dejó llevar por el calor de las masas. Estaba empezando a sentirse feliz. Como Jesucristo en las escrituras, hacía suya la frase «dejad que los niños se acerquen a mí». Yo, como siempre, –por dar una nota de humor– prefería a las madres.

Nuestra primera acampada en Dolpo fue en la población de Dunai situada a 2.150 metros de altitud, por encima del Valle de Nuria en Queralbs (Gerona).

Descansamos como angelitos, madrugamos, y nos dirigimos hacia el interior del Dolpo.

Atravesamos un impresionante puente colgante sobre el río Thulo Bheri que me causó el efecto de estarme dirigiendo a una aventura de Indiana Jones.

Nos cruzamos con caballos y con alguna caravana que se dirigía hacia el Sur.

Tuve la certeza de que ese era realmente el primer día de nuestro *trekking*.

Yo no me había preparado para tal odisea ni tan siquiera un mínimo. Tenía exceso de peso y las articulaciones totalmente anquilosadas. Aun así no me amedrenté pues sabía que siempre me ocurría lo mismo: el primer día era muy duro para mí, pero poco a poco me encontraba cada vez mejor y al final hacía el *trekking* en un estado bastante aceptable.

Nos esperaba una jornada exigente. El trayecto nos costaría algo más de siete horas hasta llegar a nuestro primer destino en el Bajo Dolpo, Chepka, a 2.940 metros, donde el cansancio y la altitud empezarían a notarse.

Escuela de Ringmo. Fotografía: Ramón Feixa

El paisaje era bucólico y por supuesto muy desolado; no nos cruzamos con absolutamente nadie. Una paz absoluta empezó a invadir nuestro espíritu.

Desde Chepka seguimos nuestro camino hacia el interior del país rumbo al Norte.

En ese trayecto, de una duración aproximada de seis horas, nos encontramos con una escuela situada en medio de ninguna parte. La dejamos a un lado sin pararnos pero con cierta curiosidad. Pocos kilómetros más allá se encontraba Ringmo (3.600 m.), la aldea donde acamparíamos.

Una vez dejamos nuestras tiendas montadas y nuestro equipaje en su interior, decidimos regresar a la escuela con la idea de descubrir qué hacía ese reducto de enseñanza tan lejos de la civilización.

La visita valió la pena; para nuestra sorpresa salieron a nuestro encuentro más de un centenar de niños, felices y curiosos por ver a unos personajes que parecían provenir de un planeta desconocido. Hicimos cantidad de fantásticas fotos que nos mostraron un mundo feliz en medio de la más absoluta soledad. Tuvimos constancia de la magia de aquel inesperado lugar.

Aquellos niños me parecieron los más felices de la Tierra; se les veía totalmente ajenos a los males que azotan nuestro mundo. Para ellos, nuestros países, nuestra cultura seguramente eran cosa de ciencia ficción; ninguno de aquellos niños podría entender la maldad que anida en nuestra egoísta inútil e insensible sociedad.

Los admirables profesores, voluntarios y totalmente altruistas, nos recibieron con mucha amabilidad y nos contaron la envidiable historia de ese paraíso de niños.

Orgullosos nos mostraron un par de ordenadores que funcionaban con energía solar y una precaria conexión a Internet vía satélite.

Niños en la escuela de Ringmo (Dolpo). Fotografía: Juanjo Rodríguez.

Abandonamos el lugar con una cierta tristeza, no sin antes ofrecer a los abnegados profesores unas cuantas rupias como contribución a su admirable labor.

Acampamos en el increíble entorno de aquel lago esmeralda, posiblemente uno de los más hermosos que había contemplado nunca. Las vistas eran de postal. Al fondo junto al lago se divisaba el monasterio de Ringmo Gomba. Fuimos a visitarlo cogiendo un sendero donde se alzaban algunos bonitos y coloridos *chartens* cruzando un bosque.

«Uno de los pocos sitios donde aún podéis ver a los niños en su esencia pura. En su desconocimiento de la civilización ignoran todo aquello que los hará infelices. Con poco satisfacen su curiosidad, su necesidad de afecto y aprenden a vivir en armonía, paz y solidaridad. Aquí son sobre todo niños felices y libres». Fotografía: Ramón Feixa

El quinto día resultó una jornada muy dura, pues nos llevó más de diez horas de caminata, aunque con unas vistas de una belleza extraordinaria.

Recorrimos el peligroso sendero colgado sobre el lago, que aparece en la película *Himalaya*; en ella, una caravana de yaks se precipita al fondo del lago cuando está intentado avanzar por ese vertiginoso precipicio.

Ahora que lo estoy viviendo en primera persona, la escena me parece totalmente verosímil.

Una vez cruzamos al otro extremo del lago, hicimos un alto en el camino y comimos mientras contemplamos las vistas desde el lado norte. Estábamos en la cabecera del lago donde vierte sus aguas el Phoksumdo Khola. En esta jornada acampamos ya por encima de los 4.000 metros de altitud.

El lago Phoksumdo. Fotografía: Ramón Feixa

El sexto día, y después de cuatro horas de trayecto, realizamos nuestra acampada a 4.700 metros.

Para mí ese trayecto tenía una especial importancia pues esos parajes están descritos como uno de los lugares de acampada de Matthieseen en su libro *El leopardo de las nieves*.

Ya llevábamos una semana cruzando ese increíble país. En esa jornada, de tan solo tres horas, pasamos por el legendario collado de Kang La a 5.500 metros, siempre manteniendo a nuestra izquierda la impresionante mole de las montañas que componen la cordillera del Kanjiroba Himal.

Este inaccesible collado era la frontera que separaba el Bajo Dolpo del desconocido Alto Dolpo, la zona en la que nos adentrábamos, que apenas había sido cartografiada; solo un precario mapa cedido por los militares nos orientaba en aquella desconocida y misteriosa parte del país.

Nuestro guía pretendía que nos creyéramos que él ya había estado allí en otra ocasión, pero evidentemente su cara de póker y sus muchas contradicciones nos hacían pensar que nos estaba mintiendo.

Para empeorar las cosas, el camino que nos adentraba en un amplio valle quedó bruscamente interrumpido cuando descubrimos que el puente que debíamos cruzar había sido arrastrado por la fuerte corriente del río Phoksumdo Chu que nos franqueaba el paso.

Arriesgando sus vidas los guías y los porteadores cruzaron aquel caudaloso río que arrastraba todo a su paso. Una vez lo consiguieron tendieron varias sogas que nos sirvieron para cruzar al resto de la expedición. Nos desprendimos de todo el peso que acarreábamos y de los pantalones, las botas y los calcetines, hasta quedarnos en ropa interior, proporcionando un baño improvisado a nuestros calzoncillos.

Puente sobre el río Phoksumdo. Fotografía: Ramón Feixa

No sin jugarnos el tipo conseguimos pasar sin incidentes graves todo el grupo.

La sorpresa fue que, una vez en la otra orilla y donde en teoría continuaba el camino que partía desde el puente, descubrimos con frustración que del camino no se divisaba ni rastro.

El agua cubría casi toda la extensión de aquel ancho valle y el camino seguramente recorría un lugar del amplio fondo fluvial.

Nos desplazamos con los pies en el agua por una de las orillas más transitables de aquel amplio cauce.

Finalmente encontramos un espacio aparentemente seco e improvisamos nuestro campamento para aquella noche, confiando en que una nueva riada no arrastrara nuestras tiendas con nosotros en su interior.

Llovía y esto no era nada esperanzador.

Intentando no pensar en lo que podía pasar si se presentaba de nuevo una crecida del río, intentamos dormir lo más confortablemente que pudimos.

Monasterio de Shey. Fotografía: Ramón Feixa

Al amanecer nos despertamos con la sensación de que debíamos abandonar aquel lugar lo antes posible, pues éramos plenamente conscientes de que estábamos en pleno curso de aquel caudaloso e imprevisible río.

Aunque estábamos húmedos con nuestros sacos de dormir y nuestras tiendas, al menos nos despertamos vivos y a salvo.

Desde este aventurado campo de acampada proseguimos nuestro fascinante camino. Ese día nos esperaba un itinerario de unas cinco horas y media hasta llegar a nuestro destino, Shey Gompa, a 4.390 metros de altitud. Fue muy gratificante aunque un poco duro por su desnivel y complicación, pero nos ofreció unas vistas increíbles.

Pasamos por la base de la mítica y sagrada Montaña de Cristal.

Allí, en lo alto de una colina con vistas a la pequeña aldea que se encuentra en la planicie en medio del valle y teniendo enfrente el bucólico monasterio de Shey, nos tomamos un merecido descanso mientras los niños curioseaban nuestras tiendas y nos inspeccionaban con cara de sorpresa como si estuvieran ante de una especie extraña de humanoides nunca vistos.

Shey Gompa-Campsite (4.300 m). Fotografía: Ramón Feixa

El noveno día tomamos la decisión de cambiar el rumbo de nuestro itinerario, dadas las dificultades que nos habíamos encontrado y el problema que suponía pasar varios puertos por encima de los 5.000 metros. Decidimos acortar nuestra ruta y olvidar nuestro objetivo de alcanzar Yangsher Gumba, y no arriesgarnos así a perder el vuelo desde Jomoson hasta Pokhara.

A partir de ahí, el *trekking* continuó de la siguiente forma:

10º día: Campsite-Base Khyun-la (4.000 m). Seis horas de trayecto.

11º día: Base Khyun-la-Tarap Dho (4.040 m). Seis horas de trayecto.

12º día: Tarap Dho (aldea). Acampamos en el lugar donde se une el Keheng Chu.

13º día: Tarap Dho-Haigh Camp (4.700 m). Cinco horas de trayecto. En este itinerario pasamos por el collado de Tso La (5.100 m).

14º día: Haigh Camp-Charka La. Siete horas de trayecto.

15º día: Charka La-Charka Gaon, (4.400 m). Cinco horas y media de trayecto.

16º día: Charka Gaon-Base Niwar, (4.700 m). Siete horas y media de trayecto.

17º día: Base Niwar-Sandak, (3.700 m). Ocho horas de trayecto.

18º día: Sandak-Sangda La (4.000 m). Ocho horas de trayecto.

19º día: Campsite Sangda La-Kagbeni/Jomosom. Seis horas de trayecto (final del *trekking*).

Desde lo alto de aquellas montañas divisábamos al otro lado el paisaje salvaje del Mustang; lo reconocí enseguida por su color rojizo inconfundible, sus profundos cañones y el impresionante parecido con el conocido Cañón del Colorado, aunque sin duda este paisaje era mucho más auténtico y salvaje, y, sobretodo, más desconocido y menos transitado por turistas ávidos de aventuras fáciles.

Nos alojamos en un pequeño pero acogedor *lodge* al lado mismo del aeropuerto a la espera del siguiente vuelo hacia Pokhara. El mal tiempo hace difícil las comunicaciones entre esas dos poblaciones.

Este trayecto tan excitante como peligroso atraviesa la que se considera una de las gargantas más profundas del mundo, situada entre el Daulaghiri y los Anapurnas. Realmente, aunque peligroso, este recorrido en avión es uno de los espectáculos más impresionantes con que puede obsequiarnos la naturaleza.

Fotografía: Shutterstock

En Phokara, por una de las coincidencias de la vida, nuestro hotel tenía el quimérico nombre de Sangri-La. Pensé que al menos había conseguido encontrar un sustitutivo *light* del paraíso soñado.

«Encontré una vez un caminante que se cruzó en mi camino y le pregunté:
—¿A dónde te diriges? A ningún sitio en particular —me contestó.
—¿Y cómo sabrás que has llegado?
—Buena pregunta. Espero que en ese momento lo intuya».

«Nunca sabemos a dónde nos dirigimos y solo al final comprendemos cuál era nuestro destino».

Fotografía: Shutterstock

VIAJE AL REINO DE SIKKIM, 2009

Trekking al Kanchenjunga, la tercera montaña más alta del mundo

Septiembre-octubre del 2009
Componentes: Juan Burgos (Granada), Moncho Vila (Galicia), Martí Rosell (Cataluña), Ramón Feixa (Cataluña), Juanjo Rodríguez (Madrid).
Guía en Sikkim: Kesher Chhetri

El día 25 de septiembre salimos de Madrid hacia Fráncfort y desde allí otro avión nos llevó hasta Delhi donde, después de una larga espera, debíamos salir a las 6:30 h rumbo a Katmandú. Llegamos el 26 a esa siempre bien hallada ciudad. Disponíamos de un largo periodo de tiempo libre para recuperarnos y pasear por Thamel, uno de nuestros pasatiempos favoritos.

Curiosamente, a diferencia de otras veces, las calles presentaban un aspecto tranquilo y poco concurrido. La mayoría de los establecimientos estaban cerrados. Preguntamos acerca del motivo de aquella poca habitual imagen y nos informaron de que se estaba celebrando el festival Dassain (sin duda la fiesta más importante de la comunidad hindú).

Comimos en la terracita de un restaurante situado en una de las calles de acceso al barrio que conocíamos de otros viajes y por el buen *tandoori*[4] que preparaban.

El día 27, ya totalmente recuperados del *jetlag,* decidimos hacer turismo y visitar alguna cosa que no conociéramos de otros viajes; la sugerencia de Juanjo fue el templo de la diosa Kali, donde se celebraban sacrificios de cabras y gallinas como ofrenda a la divinidad.

El pequeño templete ocupaba la parte más alta de aquel recinto; se subía a través de un sendero muy transitado por fieles y gurús que se exhibían en medio de aquel camino religioso.

Después de visitar aquel recinto sagrado decidimos una vez más dirigirnos a Bhudanat, donde pretendíamos comer en una de sus numerosos restaurantes con vistas panorámicas que rodean la Gran Estupa. Aquel era uno de los momentos que difícilmente se olvidan; contemplar

---

4   El *Tandoori masala* se considera una mezcla de especias diversa (Masala) y muy empleada en la cocina asiática.

la imagen de la mayor estupa del Nepal es un placer indescriptible, el continuo ir y venir de los turistas, los creyentes que hacen rodar sin fin los molinillos de oraciones, y los monjes que dan vueltas a su alrededor o se dirigen al templo budista que se alza frente a la Gran Estupa.

Templo de la diosa Kali. Fotografía: Shutterstock

Aquella noche también repetimos en uno de nuestros restaurantes habituales, la *Dolce Vita*, donde elaboran unas pizzas buenísimas y una pasta excelente.

Después de cenar nos dirigimos al cercano Jazz Club donde tomamos unas copas en su acogedor jardín mientras escuchamos música en directo.

Volvimos al hotel a descansar; al día siguiente nos esperaba un largo día rumbo a la India...

Después de nuestros habituales días de estancia en Katmandú preparando los últimos detalles para el viaje, emprendimos vuelo interior con la compañía Bhuda Air hasta Bhadrapur, ciudad situada a escasos kilómetros de la frontera india, donde nos pidieron los visados y rellenamos el papeleo necesario.

En ese pequeño y destartalado aeropuerto nos esperaba Kesher, un *sikies* que sería nuestro guía durante toda nuestra estancia en ese país.

Desde allí cogimos un todoterreno desvencijado. Después de hacer una breve parada para comer en una población ya dentro de la India, continuamos el trayecto con un calor sofocante, eso sí, por un entorno magnífico: las aldeas y los campos que cruzábamos eran de una extraordinaria belleza y colorido. Todo era una gran planicie que se extiende a continuación del gran llano que ocupa el territorio de Bangladesh y el golfo de Bengala. Cuando habíamos recorrido unos kilómetros desde la frontera de Nepal, la carretera empezó a elevarse insensatamente hacia el cielo ganando altitud sin parar y con unas curvas exageradamente cerradas que nos llevaban a través de aquella locura de carretera hasta una de las ciudades vestigio del colonialismo inglés: Darjeeling.

El desnivel que teníamos a un lado de la carretera nos ponía los pelos de punta y, para arreglarlo, los hábiles conductores parecían jugar al juego de lanzarse contra el vehículo que venía en dirección opuesta y esquivarlo en el último instante.

Nosotros no nos atrevíamos a abrir la boca, y me pareció que alguno de mis compañeros estaba rezando en voz baja. Por suerte creo que dimos con uno de los mejores conductores de aquellos lares.

Fotografía: Juanjo Rodríguez

Una de las cosas que más llamaron la atención fue la existencia de un tren que enfilaba colina arriba aprovechando el trazado de la estrecha carretera por donde nosotros ascendíamos aquella vertiginosa pendiente.

Por fin llegamos a nuestro destino. El tránsito era caótico y por si fuera poco el tren que subía desde la ciudad anterior sorteaba las curvas de la estrecha carretera en medio del tráfico y se adentraba en el interior de la gran ciudad por las calles principales, sin ninguna protección ni barrera que separase a transeúntes y vehículos de aquel peligro potencial. ¡Algo de locos!

Una vez acomodados en el pequeño hotelito que ocupábamos, decidimos conocer Bhadrapur.

Desde la habitación que ocupaba en solitario, tenía unas magníficas vistas del Himalaya y de la montaña más alta de la India y la tercera más alta del mundo: el Khangchendzonga o Kanchenjunga (8.598 m).

Casi inmediatamente después el grupo decidió salir a dar una vuelta por la ciudad. Yo les dije que me apetecía quedarme en el hotel y respetaron mi decisión.

En realidad mi intención era disfrutar del descubrimiento de aquella hermosa ciudad en solitario, cosa que siempre me apetecía hacer en los lugares que visitaba por primera vez.

Después de asearme me preparé para perderme solo entre la multitud de gente del país.

Mi objetivo era echar un vistazo a la arquitectura colonial que salpicaba la ciudad y acercarme hasta la alucinante estación de tren, un lugar emblemático digno de visitar. En aquella estación se habían desarrollado muchas historias, empezaron sueños y se rompieron ilusiones, murieron historias de amor y nacieron otras; sin duda aquel lugar guardaba secretos que por sí solos justificarían un libro.

Fotografía: Ramón Feixa

Darjeeling, septiembre 2009
La ciudad del té y las colinas

La verdad es que esta ciudad colgada de terrazas y rodeada de vegetación es muy impactante. Está construida sobre una colina de 2.134 metros de altitud y su población supera los 100.000 habitantes, siendo la mayoría de origen nepalí y tibetano. Entiendo la sensación de los primeros británicos que se asentaron en esta fabulosa población; en esa época era una concurrida estación de montaña y actualmente es un lugar elegido por los indios como destino vacacional por su fresco clima.

Las cientos de terrazas de cultivo de té le dan una belleza extraordinaria y su merecida fama (el mejor té del mundo).

Ese día nos pegamos un enorme madrugón (a la inhumana hora de las 3:30 h); debíamos desplazarnos hasta un mirador llamado Tiger Hill, desde donde se podía contemplar una de las más hermosas salidas de sol del Himalaya, con el Kanchenjunga, el Everest y el Makalu como impresionante telón de fondo.

Como nosotros, miles de personas, la mayoría hindúes, tuvieron la misma idea y la colina estaba totalmente abarrotada; apretujados unos al lado de los otros como si se tratara del metro a hora punta. Aunque efectivamente la salida del sol y la contemplación de un Makalu[5] iluminado en rojo era una vista de lujo, la situación y aquel gentío hacían de la experiencia algo totalmente surrealista.

Después de pasar unas horas en el frío matutino aprovechamos para visitar lo más emblemático de esa hermosa ciudad situada en la cadena inferior del Himalaya, en el estado indio de Bengala.

Como teníamos tiempo de sobra fuimos a visitar un monasterio budista llamado Gompa situado en la entrada de la ciudad y desde allí nos trasladamos a la pagoda japonesa de La Paz, un templo construido por un monje budista japonés, rodeado de naturaleza y un bello entorno con vistas panorámicas de la ciudad y una gran estatua de Buda dominando el horizonte (interesante pero no mata).

---

5   *Makalu* en sánscrito significa Montaña Negra y *Maha Kala* en tibetano significa «El gran negro» que resulta una descripción muy adecuada de la gran pirámide rocosa, cuando esta es barrida por el viento. Es la quinta montaña más alta de la Tierra con una altitud de 8.463 m. Está situada en la zona Mahalangur del Himalaya a 19 km al Sureste del monte Everest, en el borde fronterizo entre los países de Nepal y China. Siendo uno de los ochomiles más prominentes, el Makalu es un pico aislado que llama poderosamente la atención por tener una forma cuasipiramidal con cuatro vertientes muy bien marcadas.

Vista del Makalu. Fotografía: Ramón Feixa

Siguiendo el descubrimiento de esa bonita ciudad el guía nos llevó hasta un conjunto de edificios que ocupaba la casa de los huérfanos tibetanos, lugar que en su día acogió a la mayoría de los tibetanos huidos de su país por la persecución de los chinos.

Es muy interesante la historia de ese recinto y la visita al museo que contiene, pues aporta un poco de cronología de la represión ejercida por los chinos al pueblo del Tíbet.

Llevado por la curiosidad, entré en alguno de los edificios que estaban abiertos o entreabiertos. Tras una gran puerta me encontré con un gran vestíbulo vacío, y una vez en él llegaron hasta mis oídos mormullos y llantos parecidos a los de los bebés. Sin dudarlo empujé una puerta que estaba a mi derecha y la visión me impresionó: había una gran habitación donde un numeroso grupo de niños de corta edad estaban dentro de cunas o atados a ellas, todos bajo la atenta mirada de una severa y gruesa guardiana de aspecto tibetano. No sé si el más sorprendido fui yo o los descuidados niños, pero debo decir que la sonrisa con la que me obsequiaron la mayor parte de ellos, la cara de sorpresa de otros, los gestos de alegría y los llantos de algunos, fueron para mí como una visión del paraíso. Sentí alegría y también una compasión enorme por la situación que estaban viviendo aquellas criaturas. Pensé que aquella mujer no tenía modo alguno de controlarlos más que tratándolos de aquella manera, pero quise convencerme de que a su modo les daba cariño y todo el cuidado que necesitaban. Aunque aquella imagen me acompaña muchas veces en mis sueños, quiero quedarme con la cara de alegría de aquel grupo de niñitos.

Más visitas en aquella interesante ciudad: una muy corta pero gratificante fue al zoológico de la ciudad. Allí pudimos contemplar al pequeño pero fiero oso del Himalaya, los simpáticos *red pandas* y unos ejemplares magníficos del famoso tigre de Bengala. Lo que más me llamó la atención fue la contemplación del mítico leopardo de las nieves. En mi viaje al Dolpo me fue totalmente imposible verlo en libertad y aquí, aunque impresionante, me pareció advertir en él un cierto aire de tristeza y resignación.

Juanjo se cogió un enfado de mucho cuidado; no podía entender que la única manera de ver a esos animales fuera enjaulados y lejos de su entorno natural. Pero eso era algo que ni él ni nadie podía solucionar.

Para finalizar aquel ajetreado periplo de descubrimiento de Darjeeling, hicimos la visita imprescindible a su Museo de Montaña y a su Escuela de Montañismo.

Aunque modesto y con unas instalaciones un poco pobres, el museo da un repaso a las gesta montañeras de los mitos que escribieron la historia del Himalaya: antiguas fotografías con los principales logros de personajes como Mallory, Irving y, por supuesto, Hillary y Tenzing, y otros más actuales como Messner y todos los que hicieron cumbre en las míticas montañas de la cordillera, tanto nativos del Nepal como de la India.

Leopardo de las nieves. Fotografía: Shutterstock

Solo nos quedaba visitar alguna factoría de su famoso té, pero esto lo dejaríamos para otro día.

30 de septiembre. Ese día nos levantamos con la intención de hacer la visita pendiente a una factoría de té y admirar el paisaje de las plantaciones y la imagen bucólica que ofrecían sus recolectoras.

Sin embargo, debido al peligro de contaminación por una alarma de gripe aviar habían abortado todas las visitas de turistas a este tipo de instalaciones, que por otra parte tenían severas medidas de esterilización.

Descendíamos en busca de la frontera por una carretera abismal con peligros sin fin de inacabables curvas y cortada a pico, hasta que después de unas cuantas horas llegamos al cauce del río donde, después de cruzar un curioso puente, nos encontramos ante una gran puerta decorada con vivos colores que nos daba la bienvenida a Sikkim.

Nuestro siguiente destino a este exótico país era Pelling, una curiosa población no demasiado grande pero muy acogedora.

Nos alojamos en un hotel de muy buena pinta, comparado con lo que estábamos acostumbrados.

Como disponíamos de mucho tiempo, nos aconsejaron visitar las ruinas de Rabdentse, la que fue capital del reino entre los años 1670 y 1814.

Se trata de una interesante zona arqueológica con vestigios de la antigua ciudad y unas excelentes vistas, situada a unos dos kilómetros del monasterio de Pemayangtse (carretera de Geyzing), otro de los monumentos que pretendíamos visitar.

Acabamos la tarde visitando el monasterio de Sangachoeling, localizado en el sentido opuesto de donde nos encontrábamos. Es uno de los monasterios más antiguos. Se alza en lo alto de una empinada colina desde donde se divisan unas magníficas vistas de Pelling y de gran parte del país.

Debido a la hora, tuvimos la suerte de contemplar uno de los más maravillosos atardeceres con que la naturaleza me hubiese podido obsequiar. Estuvimos un buen rato sentados sin hablar mientras meditábamos sobre lo que nos ofrecería aquel país.

Ruinas de Rabdentse. Fotografía: Ramón Feixa

Nos encontramos con un curioso personaje que esculpía a mano con un cincel sobre piedra textos sagrados, oraciones y otros motivos. Yo personalmente adquirí un par de ellos de pequeño tamaño, para no tener que cargar con demasiado peso.

Después descendimos hasta el pueblo. El paisaje, aunque estaba oscureciendo, nos proporcionaba instantáneas imperecederas.

Juanjo hizo una fotografía que consiguió captar aquel mágico momento. Al cabo de un tiempo de nuestro regreso se la compré y la tengo colgada en mi estudio. Siempre que la contemplo me viene a la memoria aquel lejano país y aquel preciso instante en el que me sentía plenamente feliz.

El Kanchenjunga visto desde Pelling. Fotografía: Shutterstock

1 de octubre. Nos levantamos muy temprano; tuvimos la agradable sorpresa de que el tiempo seguía jugando a nuestro favor, lo cual nos hacía sentir optimistas. Con ese estado de ánimo enfilamos la tortuosa carretera que nos llevaría hasta el inicio del *trekking* al Kangchendzonga, un pequeño poblado llamado Yuksan y que resultó ser el lugar de nacimiento de nuestro guía Kesher y donde todavía vivía parte de su familia.

Ahí visitamos el monasterio que todavía nos quedaba pendiente, el de Pemayangtse, pequeño pero interesante; allí se encuentra el trono del primer fundador de Sikkim. Aunque en las inmediaciones existe otro monasterio pasamos de visitarlo; probablemente ya estábamos un poco saturados de tanto monumento. A donde sí nos acercamos fue hasta un lago sagrado rodeado de bambú gigante que nos proporcionó una gran tranquilidad de espíritu y sensación de paz.

Cuando regresábamos al hotel a pie, ocurrió algo que todavía hoy en día me hace reflexionar. Estaba pensando en mandar un mensaje a mis familiares, pues a partir del día siguiente nos adentrábamos en la ruta de la alta montaña y lo más probable es que no tuviéramos cobertura de nuestros móviles. Y en ese momento mi teléfono sonó.

Aunque cuando estoy tan lejos de casa suelo no coger a no ser que sepa de quien se trata, esa vez un presentimiento me sugirió que debía contestar.

La sorpresa fue muy agradable: era mi hija Irene; me emocioné y casi no pude contener las lágrimas.

Lo primero que pregunté es si ocurría algo, cosa que ella negó inmediatamente para añadir que solo me echaba de menos y que quería verme pronto.

Le aclaré que por desgracia el verdadero viaje empezaba al día siguiente y que durante aproximadamente diez días lo más seguro es que estaría incomunicado. Le prometí que en cuanto volviera a un sitio civilizado la llamaría. Nos despedimos y yo ya no tuve que retener mis lágrimas que brotaron por mi rostro libremente.

A pesar de su tono tranquilizador algo en mi interior me hacía pensar que quizás estuviera ocultándome alguna cosa.

2 de octubre. Nos levantamos muy temprano y, como ya era costumbre, nos dirigimos a la recepción del hotel, donde el guía nos presentó al resto de componentes de la expedición y a su jefe, que se entretuvo en hacernos fotografías para su publicidad. Había un nutrido grupo de «porteadores» que se convertirían en nuestros guardianes durante once días. Conocimos al que sería nuestro cocinero (personaje clave en este tipo de expediciones), al ayudante de cocina y al hermano de Kesher que en algunos momentos, si era necesario, haría de guía suplente.

También nos presentaron a cuatro intimidantes yaks que cargarían con los materiales más pesados de nuestra intendencia. El grupo total, contándonos a nosotros, era de unas diez personas.

El Khangchendzonga (8.598 m). Fotografía: Ramón Feixa

Ese día debíamos iniciar una caminata que nos llevaría hasta la base del Kangchendzonga. Durante diez días caminaríamos por una variada y salvaje naturaleza que nos llevaría a paisajes desolados, cumbres imposibles y selvas impenetrables.

Como solía, mi amigo Juan «el granaino» con su humor andaluz animaba mis agotadores estados de catalepsia y recuperación.

Fotografía: Ramón Feixa

EVEREST BASE CAMP, 2012

Trekking al techo del mundo

Los componentes de esta aventura éramos: Ramón Vila (Moncho) y Manuel Fernández, dos gallegos muy buena gente. Concretamente a Moncho ya lo conocía del viaje al Kachenjunga. Una pareja fantástica de Madrid, Conchi Rodríguez y Quique Aguado y, por supuesto, yo mismo y el incombustible Juanjo. Este había hecho el mismo recorrido el año anterior y se encargó de la organización de aquel clásico trekking. Para rematar el grupo contábamos con algunos porteadores y la apreciada compañía de Nabin, guía de otros viajes que se había convertido en parte del grupo y en un amigo insustituible.

No por ser uno de los *trekkings* más concurridos del Nepal deja de tener un extraordinario atractivo. Todo lo que descubrimos y vimos tiene detrás un sin par de míticas aventuras que han marcado el carácter especial de esta clásica pero interesante ruta.

El primer día cogimos un vuelo de Bhuda Air que nos llevaría en poco más de media hora desde Kathmandu hasta Lukla, el para mí desconocido y mítico aeropuerto que construyó Sir Edmund Hillary, y donde falleció su esposa cuando se dirigía a ese misma población situada a 2.840 metros de altitud. Ese pequeño aeropuerto está construido en una pendiente que dificulta mucho los vuelos de llegada y facilita los de salida, donde el piloto solo tiene que dejar deslizar el avión y aventurarse hacia un precipicio impresionante. Apenas con tiempo para descargar nuestras mochilas y tomar un té en el acogedor bar del pequeño aeropuerto, nos lanzamos por el camino que nos conduciría hasta el corazón del país de los *sherpas*[6]. Nuestros porteadores, con los pesados petates, iban ya abriéndose camino un poco por delante de nosotros.

Ese primer tramo del *trekking* lo encontramos muy suave y agradable ya que era todo bajada. Nuestra primera noche en las montañas fue en una pequeña población llamada Phakdin situada a 2.610 metros de altitud y a la que tardamos en llegar aproximadamente tres horas.

Al día siguiente debíamos hacer el recorrido de Phakdin a Namche Bazar. Esa primera noche descansé plácidamente; me encontraba feliz de estar en una nueva ruta que, aunque muy concurrida por los montañe-

---

6   Los *sherpas* son pobladores de las regiones montañosas de Nepal, en los Himalaya. Estos pobladores migraron de la provincia china central de Sichuan, probablemente en los últimos 500 años, a las regiones central y sur del Himalaya. Hoy en día hay aproximadamente 190.000 *sherpas*. Fuente: Wikipedia

ros, para mí era toda una novedad. Aquel recorrido nos supondría unas cinco horas y ascenderíamos hasta una altitud de 3.440 metros. A pocos kilómetros de Phakdin encontramos la aldea de Monjo, donde está el control de permisos y la puerta de entrada al Parque Nacional Sagarmatha.

Una de las visiones que más ganas tenía de completar era la de la conocida población de Namche Bazar, capital de los *sherpas* y punto de encuentro de expediciones a todos los valles y las montañas que existen alrededor.

Vista de Namche Bazar. Fotografía: Shutterstock

Ocupamos un plácido *lodge* regentado por una familia tibetana que nos llenó de atenciones.

El tercer día fue ya de aclimatación en Namche Bazar. Para pasar el día hicimos una excursión por los alrededores, nos dirigimos al cercano pueblo de Kumjung (a cuatro horas y 3.780 m) donde se encuentra la escuela que fundó Sir Edmun Hilary para acoger a los niños *sherpas*. Allí pudimos acercarnos hasta un pequeño monasterio donde nos dijeron que guardaban un pequeño fragmento del cráneo del Yeti. Lo que nos mostraron podía ser cualquier cosa, incluso un trozo con pelo de la cabeza del «abominable hombre de las nieves».

Al día siguiente nos dirigimos desde Namche Bazar hasta Tengboche, población situada a 3.860 metros de altitud en un trayecto que hicimos en casi cinco horas.

Tengboche. Fotografía: Ramón Feixa

Tengboche es un lugar tranquilo y muy agradable; hay unas maravillosas vistas del Ama Dablan, el Thanserku, el Kangtega y otras montañas. Aunque pensamos permanecer en este lugar para la jornada de descanso y aclimatación en lugar de en Namche Bazar, esta última localidad nos pareció que nos ofrecía más posibilidades, así que renunciamos a la magia y las vistas de Tengboche.

Desde allí, después de otras casi cinco horas de caminata, ascendimos hasta Dingboche (a 4.410 m). Aunque la mayoría de la gente suele hacerlo por Pheriche, unos amigos le habían recomendado a Juanjo desviarse hacia la derecha y entrar por el valle del Imja Kola, haciendo noche en Dingboche. Es una ruta bastante más atractiva y suele estar menos transitada.

Después de pasar la noche en Dingboche y de otra larga y dura jornada de cinco horas llegamos a Lobuche (4.910 m). Aunque estábamos advertidos, el viento fue nuestro acompañante en este duro tramo del *trekking*.

Monasterio budista de Tengboche. Fotografía: Ramón Feixa

La jornada era corta pero la altura se notaba y el tiempo que llevábamos acumulado nos obligaba a descansar a menudo. Nada más llegar a Gora Shep optamos por hacer un pequeño descanso para recuperarnos pues todos llegamos bastante tocados. Una vez descansados y habiendo comido algo ligero algunos decidieron acercarse hasta el campamento base del Everest (5.364 m). El trayecto no llegaba a cuatro horas entre ida y vuelta. El incombustible Juanjo tenía una molesta insuficiencia respiratoria, por lo que decidió quedarse en el *lodge*; a Conchi le dolía la cabeza, tenía un pequeño resfriado y se sentía agotada, y prefirió hacer compañía a Juanjo. Solo uno de los guías se animó a acompañar al grupo. Yo en un primer momento decidí quedarme en el cálido refugio; fuera hacía mucho frío y, aunque todavía era temprano, calculé que cuando regresaran del campo base el sol estaría ya ocultándose. Sin embargo, transcurridos unos quince minutos desde que abandonaron el lugar, pensé acertadamente que difícilmente se me presentaría una ocasión como aquella para conocer el mítico campamento base y su entorno. Así que cambié de opinión, me abrigué, cogí mi mochila, una botella de agua y me lancé a seguir a mis compañeros. Andaba muy lentamente, observando a cada paso el paisaje que se extendía a mi alrededor. En un preciso momento me pareció ver a mis amigos muy lejos en el horizonte, por lo que descarté totalmente la posibilidad de alcanzarlos y unirme a ellos. Además prefería tomarme mi tiempo y gozar de la vista de las montañas y los glaciares que avanzaban entre ellas.

Evidentemente no los alcancé, así que seguí la ruta en completa soledad hasta que divisé a lo lejos la abigarrada multitud de tiendas de todo tipo que forman el campamento base. Aunque todavía me faltaba un buen tramo para llegar hasta el colorido y curioso poblado de lona, decidí dar media vuelta y regresar a Gora Shep.

Hice caso de lo que me había dicho mi amigo Juanjo cuando nos advirtió de que no invadiéramos la intimidad de aquellos montañeros en nuestro afán de conseguir curiosas fotografías como si se tratara de fotografiar especímenes en peligro de extinción.

Campamento base del Everest. Fotografía: Shutterstock

Mientras emprendía el camino de regreso, meditaba sobre los motivos que habrían llevado hasta allí a aquella multitud de personas de todas las edades, etnias, nacionalidades y sexos. Personas con afán de aventura, muchos de los cuales quizás jamás alcanzarían aquel sueño que los había llevado tan lejos; incluso algunos era muy posible que nunca regresaran a la seguridad y placidez de sus hogares.

Al regreso del campamento base estábamos totalmente agotados, así que decidimos comer alguna cosa y retirarnos a nuestras habitaciones y a la escasa calidez que estas nos ofrecían. A pesar del frío que hacía en el exterior y de la nieve que estaba cayendo debo admitir que me sumergí en un plácido sueño casi al instante. Al día siguiente había que madrugar para emprender la que supondría sería una dura ascensión al Kala Patar.

Llevábamos ocho días desde que iniciamos nuestra aventura en Lukkla. Ese día nos levantamos muy temprano para subir hasta la cima del Kala Patar (5.545 m) en una ascensión de dos horas y media donde pudimos contemplar unas vistas increíbles de todo el macizo del Everest, Lhotse, Nupse, y el Pumori a nuestra espalda con su impresionante silueta.

Esta experiencia valía realmente la pena aunque todos habíamos dormido muy mal debido a la altitud y a las escasas horas de sueño.

Conchi se encontró un poco indispuesta y tuvo que regresar a la seguridad del *lodge* en Gora Shep. Juanjo desgraciadamente se encontraba hecho polvo y con buen criterio ni siquiera intentó subir con nosotros.

Al descender de la cima del Kala Patar, descansamos un tiempo en Gora Shep, nos despedimos de aquel mágico y frío lugar, y emprendimos el regreso hacia Lobuche, a unas dos horas de distancia.

Esta jornada fue especialmente dura para Juanjo, que aunque era el más experto de todo el grupo en la montaña, ese día se encontraba realmente derrotado; andar le costaba un gran esfuerzo y la respiración se le hacía casi imposible. Todos pensamos que debía tener una bronquitis aguda o, peor aún, un edema pulmonar, aunque él se empeñó en que solo se trataba de un vulgar resfriado.

Al llegar a Lobuche, donde había un puesto de asistencia médica asistido por médicos voluntarios de diversos países, la doctora, una argentina que llevaba un tiempo en aquel apartado lugar, lo atendió enseguida, le puso una máscara de oxígeno y aconsejó evacuarlo en helicóptero lo antes posible a Katmandú.

Aunque el cabezón de mi amigo en un principio se negaba a ser evacuado, finalmente admitió su desastroso estado y accedió a partir con el helicóptero.

Todos nos despedimos de él en la explanada donde se elevó el aparato. En el fondo nos sentíamos un poco huérfanos sin su compañía y el gran sentido de organización que Juanjo siempre ha demostrado.

A partir de allí tuvimos que seguir el camino sin nuestro amigo...

Desde Lobuche seguimos, pasando por Pheriche hacia Tengboche; unas siete horas de recorrido. Fue una jornada larga pero el esfuerzo valía la pena. Las vistas desde Tengboche, localidad parcialmente cubierta de niebla, hacia el Ama Dablan son increíbles, posiblemente una de las más hermosas que pueda contemplar un ser humano.

El décimo día del *trekking* lo empleamos para ir desde el Monasterio de Tengboche hasta Namche Bazar. Fueron unas cuatro horas de descenso que se hacen muy cómodamente.

Pasamos este día de descanso y compras en Namche Bazar como margen de seguridad por si hubiera algún retraso o problema por el camino, o por si estuviésemos muy cansados aunque, con excepción del preocupante incidente con Juanjo, todo había salido a la perfección.

Monasterio de Tengboche. Fotografía: Ramón Feixa

El doceavo día emprendimos la marcha desde Namche Bazar en dirección a Lukla. Después de pasar por el control del Parque Nacional de Sagarmatha en seis horas llegamos a Lukla.

Habían pasado trece días desde que habíamos partido desde ese mismo lugar. Desde Lukla, sin esperar demasiado tiempo, emprendimos el regreso a Katmandú.

Dejábamos atrás unos días maravillosos, unas puestas de sol increíbles, la visión de las montañas más hermosas del mundo, aldeas con todo el exotismo y la cultura de aquel pueblo y monasterios en donde se respiraba el misticismo de aquellos lugares.

En ese *trekking* tuve el placer de conocer a un interesante personaje que con casi setenta años realizaba aquella experiencia en solitario y con una agilidad digna de admiración.

Entablé conversación con él y resultó ser un inglés afincado en Andorra que además hablaba bastante bien español, y que curiosamente resultó llamarse Edmund.

Supuse que aquel viaje representaba para él un obligado homenaje al sesenta aniversario de la primera ascensión al Everest del mítico escalador que llevaba su mismo nombre, Sir Edmund Hillary.

La casualidad hizo que al año siguiente, estando yo con mi familia en Andorra, me encontrara con Edmund en un restaurante a la orilla del lago Engolasters, un sitio bucólico de ese hermoso país de Los Pirineos.

Ambos nos alegramos de la coincidencia y nos comprometimos a mantener el contacto pues sin duda era una de esas personas que te aporta energía positiva y que tiene una vida interesante y digna de ser conocida.

Fotografía: Shutterstock

UNA RÁPIDA PINCELADA
A LA HISTORIA DE NEPAL

Desde el 2003, el año en el que conocí por primera vez este maravilloso país, la situación política y social del mismo ha cambiado considerablemente.

Aunque evidentemente la historia de Nepal es milenaria, me limitaré a contaros los acontecimientos que marcaron la historia reciente de este país a partir del año 2000.

En junio de 2001, dos años antes de mi primer viaje a Nepal, ocurrió un incidente que acaparó la atención de toda la prensa internacional. El príncipe heredero Dipendra asesinó a once miembros de la familia real, incluidos sus padres, el rey Birendra y la reina Aishwarya, antes de suicidarse. Se convirtió temporalmente en rey antes de morir producto de sus heridas. Heredó el trono su tío, el príncipe Gyanendra. Mientras tanto, la rebelión maoísta aumentó, y en octubre de 2002 el rey depuso temporalmente al gobierno y tomó el control total. Una semana más tarde nombró otro gobierno, pero el país aún seguía inestable por la guerra civil entre maoístas, las variadas facciones políticas y los intentos del rey por controlar el gobierno frente a los intentos para hacerse con el control del mismo por parte de su hijo y heredero, el príncipe Paras.

El rey Gyanendra.
Fotografía: Shutterstock

En esa época convulsa pisé este hermoso y mágico país que me atrapó para siempre. Por aquel entonces Nepal era un reino donde la monarquía campaba a sus anchas.

El rey y sus herederos ocupaban un desmesurado palacio real mientras sus súbditos vivían en una miseria agobiante.

La historia de esta estirpe es digna de un libro de intrigas, conspiraciones, traiciones y muertes. Aunque posiblemente jamás se sepa toda la verdad.

En febrero de 2005 el rey Gyanendra disolvió el gobierno y ejerció todo el poder ejecutivo de que disponía para combatir a los maoístas. Las guerrillas declararon entonces un cese del fuego de tres meses pero la monarquía continuó ejerciendo un poder absoluto «hasta una convocatoria de elecciones en 2007». Entonces, los siete partidos parlamentarios (SPA), con el apoyo de los maoístas, organizaron un alzamiento masivo del pueblo contra el rey. La gente se echó a las calles e inundó de manifestaciones y huelgas el país pidiendo al rey su renuncia. Pero la resistencia de este se volvió aún más feroz. Los manifestantes rodearon el palacio real. Murieron veintiún personas y miles fueron heridos con una intervención brutal de los militares.

Las protestas y la presión extranjera hicieron que Gyanendra manifestara el 21 de abril de 2006 que «devolvería el poder al pueblo». Las protestas continuaron en algunos puntos para conseguir una abolición total de la monarquía. La violencia fue cesando y el rey congregó a los siete partidos para elegir a un nuevo Primer Ministro. El 24 de abril el rey ordenó que cuatro días después se reuniera de nuevo el Parlamento, en espera de nuevas elecciones.

Por otro lado, en mayo del mismo año fueron retiradas los cargos de terrorismo contra los miembros del Partido Comunista de Nepal (el partido maoísta) y se cursó a la Interpol la petición de anulación de las órdenes de arresto internacional contra los miembros del partido con vistas a la continuación de la paz e incluso a la alianza entre los maoístas y los siete partidos.

El Parlamento nepalí y los maoístas firmaron la paz en agosto pidiendo a la ONU ayuda para el desarme. El Parlamento ha estado trabajando en el futuro de la monarquía y ha cambiado algunas cosas. El rey ha sido desprovisto de su título de descendiente divino hindú, de su poder sobre el Ejército y ha sido obligado a pagar impuestos. Además, el gobierno ya no es conocido como «el Gobierno de su Majestad» sino como «Gobierno de Nepal». También se ha declarado unánimemente una nueva constitución por parte del Tribunal Constitucional, con la posible abolición de la monarquía, principal punto de desacuerdo entre el Parlamento y los maoístas.

Nepal fue, poco después, uno de los países que envió tropas al Líbano en la misión de 2006 (FINUL). El 28 de diciembre de 2007 el Parlamento decidió abolir la monarquía por amplia mayoría y aprobó la reforma de la Constitución y la integración de los maoístas en el Ejército; unos seis u ocho mil ex-combatientes fueron asimilados. La República fue proclamada por la Asamblea Constituyente el 28 de mayo de 2008, con quinientos sesenta votos a favor frente a cuatro en contra.

En agosto de 2008, el líder maoísta Prachanda se convirtió en el Primer Ministro de Nepal, el primero de la nueva república tras la victoria de su partido en las elecciones de abril de 2008 en donde obtuvo 229 escaños de 575. En noviembre de 2008 el gobierno abolió el sistema de castas vigente desde hacía un milenio.

El 19 de noviembre de 2013 se celebraron unas elecciones parlamentarias con el objetivo de formar una segunda Asamblea Constituyente nepalí. En ellas el Partido del Congreso Nepalí fue el que más escaños obtuvo, con 196 de los 575 miembros, mientras que el Partido Comunista Unificado, de corriente maoísta, que tenía 229 escaños en las anteriores elecciones, se desplomó hasta los ochenta escaños.

Fotografía: Shutterstock

«NEPAL EXPERIENCE»

Aeropuerto del Prat, a las 13:00 h del mediodía. Mi hijo Sergi me acompañaba para luego continuar viaje hacia Lleida. Mi vuelo no salía hasta las 15:30 h con destino a Quatar, así que me quedaba mucho tiempo para pasear por la terminal, comer algo, leer alguna revista y meditar sobre aquel nuevo viaje a Nepal. Siempre me ha fascinado la vida que transcurre en esos lugares una vez cruzada la zona de embarque donde cientos de personas se mueven sin rumbo fijo de un lado a otro para hacer tiempo hasta que su vuelo despegue. Esa tierra de nadie donde podemos abastecernos de alcohol, tabaco, colonias y otros caprichos sin pagar impuestos, que nos hace aparentar ser ciudadanos del mundo de cualquier sitio y de ninguna parte.

Fotografía: Shutterstock

Tenía mucho tiempo para pensar. Me preguntaba qué acumulación de circunstancias hacían que una vez más mis pasos se dirigieran a Nepal. Para nada tenía intención de volver a visitar este querido país otra vez tan rápido; al fin y al cabo solo habían transcurrido dos años desde mi última visita.

Aquel invierno me lo pasé planeando un viaje a Argentina y Chile; lo tenía todo organizado, las fechas decididas, los vuelos cerrados y los contactos de las personas que harían más fácil mi estancia en aquella latitudes.

Pero algo truncó mis planes iniciales; aquel invierno había sido muy duro, con mucho frío, y mi salud se resintió.

Una noche me desperté con una grave crisis de ansiedad y una insuficiencia respiratoria; me vi obligado a acercarme con urgencia al centro de salud más próximo en Campdevanol y allí me internaron y me insuflaron oxígeno hasta que recuperé un estado aceptable.

Sin embargo, aquella situación me hizo coger pánico al hecho de tener que realizar aquel viaje completamente solo como lo tenía planeado. Por su parte mi médico de cabecera me aconsejó no viajar por el momento si no era totalmente necesario. Esto me obligó a tomar la dolorosa decisión de anular mi ansiado viaje a Sudamérica.

Aunque por suerte me recuperé rápidamente, mis planes se habían ido al traste y mis ilusiones con él. Me resigné y, aunque no abandoné la posibilidad de conocer aquellas tierras, dejé mi sueño aparcado para más adelante.

Así que para nada pensaba sustituir un viaje por otro y mucho menos por Nepal, país que conocía de sobra.

Cuando me llamó mi amigo Juanjo ofreciéndome que lo acompañara, mi primera reacción fue un no rotundo. Mi pretexto era que probablemente perdería todo el dinero que tenía reservado para los vuelos a Patagonia y económicamente no me iba nada bien hacer un desembolso semejante.

Al día siguiente volvió a llamarme y esta vez me ofreció pagarme el viaje y acompañarlo con el argumento de vivir un momento que para él era muy importante. Tuve que reconocer que la labor que estaba haciendo por los niños de Nepal no tenía precio y pensé que no podía ni debía perderme un acontecimiento en el que se iba a reconocer su esfuerzo y entrega.

Ahora estaba en el aeropuerto de Barcelona y en pocos minutos me embarcaría hacia mi destino, Nepal.

Cuando me dirigía a la puerta de embarque, se colocó a mi lado un monje con túnica morada, que sonriéndome, me dijo:

—Ramón, ¿verdad?

Me quedé sorprendido.

—Sí, efectivamente, ese es mi nombre. —Lo miré con expresión de asombro.

No tenía ni idea de cómo sabia mi nombre y él tampoco me sacó de dudas. Seguimos hablando como si nos conociéramos de toda la vida.

Tenía unos setenta años, había estado casado, tenía hijos e incluso nietos y llevaba unos diez años abrazando la filosofía budista.

Era una persona que transmitía una tranquilidad de espíritu increíble, era ameno, educado y simpático. En el poco tiempo que estuvimos hablando me explicó que se dirigía a Sri Lanka, donde vivía en un monasterio. Me contó que conocía Kopan y a todos los monjes que yo le dije conocer, como el Lama Zoppas, curioso personaje que me dejó muy buen recuerdo en mi primer viaje a Nepal. Conocía de primera mano la interesante historia de Osel, el monje que de la alpujarra granadina se fue a Kopan y después a vivir la vida como un burgués más. Me dijo que él no podía ir a monasterios del Himalaya pues, aunque tiempo atrás los había visitado, debido a problemas de corazón el médico le había prohibido subir a demasiada altitud.

Vista de Pokan. Fotografía: Shutterstock

En España había estado en el monasterio del Garraf y en el de Panillo (en Huesca) que yo también conocía muy bien.

Le di mi dirección y le dije que me encantaría tener noticias de él. Me prometió escribir y contarme sus andanzas.

A la hora del embarque subimos juntos al avión pero teníamos asientos distantes y tuvimos que despedirnos.

El enorme Airbus estaba hasta los topes; a mí me tocó un asiento de pasillo junto a una pareja hindú que parecía bastante joven. En unos asientos antes del que yo ocupaba pude ver un personaje al que reconocí de una exposición de hacía algunos años en Ribes de Freser; recordaba haberle comprado un dibujo hecho al carbón, que todavía conservo y al que le tengo mucho cariño.

Resultó ser Ramón Faja, un comerciante especializado en obras de arte selectas procedentes del continente asiático.

Aunque no se acordaba de mí le agradó el hecho de que lo reconociera y estuvo encantado en cuanto le fue posible de acercarse a donde yo estaba y contarme su vida.

Su destino era Camboya, Tailandia y Vietnam; durante más de un mes se dedicaría a recorrer estos países con la intención de adquirir objetos de arte que después revendería en sus exposiciones itinerantes.

La siguiente la tenía comprometida en Puigcerdá, localidad relativamente cercana a mi casa, así es que prometí visitarlo.

Tanto al monje como al marchante los perdí la pista una vez aterrizamos en Doha. Al monje creí todavía verlo en uno de los muchos pasillos que poblaban aquella gran terminal.

Me dio la sensación de que aquel aeropuerto había crecido considerablemente desde la última vez que yo lo había pisado.

Mientras contemplaba algunos Ferraris expuestos en los vestíbulos e intentaba adivinar qué clase de animalito representaba la enorme mascota amarilla que ocupaba el centro de un enorme vestíbulo, sentí pronunciar mi nombre y al girarme descubrí a Juanjo sonriendo y sorprendido de que nos hubiéramos encontrado tan fácilmente.

Esperamos un largo tiempo hasta nuestra partida hacia Katmandú, pero teníamos tantas cosas que explicarnos que prácticamente sin darnos cuenta llegó la hora de embarcar.

Vista de Katmandú. Fotografía: Shutterstock

Sobre las 11:00 h de la mañana llegábamos a nuestra querida y conocida ciudad. Llegar a Katmandú siempre me producía la misma impresión: alegría, emoción y una sensación extraña de estar de nuevo en casa.

Fieles a sus compromisos, en el aeropuerto de Tribhuvan nos esperaban Nabin y otras personas de la agencia, sonrientes, contentas de vernos como siempre. En sus rostros reflejaban la alegría del reencuentro y, sobretodo, de ver a Juanjo a quien ya consideraban parte de los suyos. Yo particularmente hacía dos años que había compartido el *trekking* del Everest con Nabin y tenía muy buen recuerdo de ese buen muchacho a quien siempre se le veía feliz.

Nos trasladaron al hotel Radisson; aunque no era el mítico Yak and Yeti, debo reconocer que estaba bastante bien y no desmerece a otros hoteles de su categoría.

Allí estaba el sobrino de Bhupendra, que también se alegró mucho de volver a vernos. Una vez acomodados en nuestras habitaciones nos esperaba en la recepción para llevarnos a un restaurante típico muy cerca del hotel. Nos explicó que él solía comer a menudo en aquel lugar, pues aunque la apariencia era un poco cutre, la comida era muy buena sabrosa y tradicional. No nos dejó pagar e insistió en invitarnos.

Nos depositó de nuevo en el hotel para que tuviéramos un sueño reparador, que de veras necesitábamos, y nos citó para la tarde del día siguiente, dejándonos veinticuatro horas para hacer lo que nos apeteciera.

Después de la siesta, y ya bastante recuperados, decidimos salir y dar una vuelta a pie por los alrededores del palacio Real y el Yak and Yeti.

Decidí sacar algo de dinero nepalí; el cajero me ofrecía cantidades de 1.000 hasta 20.000 rupias nepalíes. Como suele pasarme normalmente, no me acostumbro al cambio del país hasta que llevo unos cuantos días, y a veces ni así. Saqué 1.000 rupias, que calculé que para los gastos imprevistos de aquel día era más que suficiente. No lo comenté con Juanjo pues no me pareció importante. Sin embargo, en la primera compra que hice de un miserable cepillo de dientes me quedé descapitalizado y, sorprendido, a la pregunta de mi amigo, le respondí:

—Sí que ha subido la vida en Nepal; he sacado mil rupias y casi no me queda nada.

—Joder macho —respondió Juanjo—, ya sé que eres catalán, pero es que acabas de sacar del cajero la friolera de algo menos de diez euros. —No tuve más remedio que partirme de risa. En fin, ese era yo y eso formaba parte de mis frecuentes despistes.

Se había hecho demasiado tarde como para arreglar el entuerto, así que decidí apañarme con mis diez euritos y al día siguiente ya sacaría más dinero.

Sith en Katmandú. Fotografía: Shutterstock

Paseamos un poco más hasta que una incipiente lluvia nos obsequió con un fresquito en el ambiente de agradecer.

Decidimos regresar al hotel, cenar en el restaurante, dormir y prepararnos para el día siguiente.

El día amaneció plácido, y nosotros habíamos recuperado nuestras constantes vitales. A pesar de mis insistentes ronquidos y el acompañamiento de los de Juanjo, ambos dormimos plácidamente.

El ambiente parecía estar bastante despejado y el calor podía aguantarse.

Cogimos un taxi y después de discutir el precio, el taxista acordó pasar casi todo el día con nosotros; al menos hasta después de la comida.

Previamente se detuvo en un cajero, donde esta vez sí, extraje otras 20.000 rupias, que era el máximo que podía darme, 200 euros escasos.

Juanjo le dio instrucciones al taxista para que nos condujese hasta un sitio desconocido por los dos, que parecía no estar demasiado lejos de Baktapur.

Cruzamos la ciudad rumbo a nuestro destino. Katmandú era la misma ciudad que siempre había tenido presente en mi retina y en mis recuerdos.

Decir que Katmandú es una ciudad caótica es una forma muy sencilla de explicarlo. En realidad esta población es la máxima representación del caos, llevado a su máxima expresión.

La contaminación reinante es una delicia para la salud pulmonar de un asmático como yo.

El uso de mascarillas se ha hecho imprescindible y totalmente habitual; lo extraño es ver a alguien paseando por sus calles sin ese útil accesorio.

Los únicos inconscientes —además de nosotros mismos que paseábamos ignorantes del peligro que corríamos— eran los turistas, que como siempre viven en otro planeta y se creen inmunes a cualquier peligro.

El monasterio al que nos dirigíamos está construido en lo alto de una colina desde donde se divisan unas vistas impresionantes del valle de Katmandú. A lo lejos se contemplaba una especie de nube baja, que no era nada más que la contaminación que cubre Katmandú y sus poblaciones limítrofes.

Después de visitar el pequeño monasterio y cansarnos de hacer fotografías de sus rincones y de los paisajes de alrededor, decidimos dirigirnos a la emblemática ciudad de Bhaktapur, la hermosa y exótica urbe donde pretendíamos comer en un típico restaurante que conocíamos muy bien, situado en la propia Durbar Square. Siempre acabábamos comiendo en aquel mismo lugar; las vistas que se contemplan desde sus terrazas son inmejorables y casi siempre solíamos encontrarnos con personas conocidas. En esta ocasión nos encontramos a Nabin, que iba con una pareja de españoles que visitaban Nepal por primera vez.

Bhaktapur. Fotografía: Shutterstock

Otro día coincidimos con una de las tantas fiestas populares que se celebran en esta población. Ignoro cómo se llama esta celebración pero las calles estaban abarrotadas de gente; algunos iban desfilando en procesión con cabezas ensangrentadas de cabritos expuestas sobre bandejas rodeadas de flores.

La historia de Bhaktapur es muy interesante, pero me temo que ya os la he contado en otro capítulo de este libro, así es que esta vez no quiero repetirme.

No por conocida esta urbe deja de sorprendernos cada vez que la visitamos; su belleza nos cautiva, toda la población respira un exotismo cautivador y sus más de mil años de historia parecen protegerla.

Durbar *square*. Fotografía: Shutterstock

Antes de comer, Juanjo quiso ascender hasta lo alto del templo principal de aquella magnífica plaza y yo decidí tomarme una cerveza Everest bien fresca. Desde mi lugar privilegiado le hice una foto mientras trepaba por las escaleras y se la envié a todos mis amigos a través de Instagram. No podía imaginarme que cuarenta y ocho horas más tarde aquel bello monumento se derrumbaría atrapando en sus ruinas a decenas de turistas desprevenidos que estaban contemplando su belleza...

Después de comer, el taxista nos llevó de nuevo al hotel, donde pensamos entregarnos a los brazos de Morfeo para tener un sueño reparador...

Esa misma tarde, sobre las 19:00 h nos estaban esperando en la recepción Nabin y Anuk. Nos vinieron a recoger con la intención de llevarnos a comer al restaurante Mediterráneo, propiedad de nuestro amigo Bibushan, también pariente de Bhupendra.

Juanjo le había llevado desde España un CD de Serrat, por supuesto con el archiconocido tema de «Mediterráneo»; también le regaló otro CD con música flamenca variada y tres litografías de monumentos de Madrid.

Cenamos una mezcla de comida española y un poco de nepalí. Pasamos un rato muy agradable charlando de cosas que habían ocurrido desde la última vez que nos habíamos visto y quedamos en volver a cenar antes de regresar a España.

Gastronomía nepalí. Fotografía: Shutterstock

Por supuesto no podíamos sospechar los acontecimientos que tendríamos que vivir.

Cenamos bastante bien y nos fuimos pronto a dormir, pues la intención era salir al día siguiente muy temprano hacia Bhimpedi.

El día 24 de abril al final no partimos hacia nuestro destino tan temprano como esperábamos, pero sí salimos con intención de comer en el pueblo.

Ese día partimos en un Tata bastante cómodo, pero la carretera era tan infernal que en el interior del vehículo teníamos la sensación de estar dentro de una centrifugadora; tardamos casi cuatro horas en completar un trayecto de apenas cincuenta kilómetros pues el mal estado de la carretera, su estrechez, las numerosas curvas y los dos empinados collados de vértigo que debíamos superar hacían el desplazamiento muy lento y peligroso.

Cuando llegamos a la última curva antes de descender hasta el valle hicimos un alto en el camino para contemplar el asombroso paisaje, las montañas y la aldea que resaltaba hermosa en lo alto de una colina. También pudimos ver la pista multideportiva situada a unos 500 metros de la población que, con su color azul y el bullicio de los niños que la llenaban, parecía un gran estadio deportivo digno de los mejores jugadores de la liga americana de baloncesto.

Aquella visión nos llenó de alegría a todos los que bajamos del todoterreno que nos había trasladado hasta allí, y especialmente a Juanjo, verdadero artífice de que aquel proyecto hubiera llegado a buen puerto. Estaba radiante de felicidad; aquel sueño que durante tanto tiempo había perseguido se había realizado por fin.

Hicimos una parada en las instalaciones deportivas. Allí nos esperaba Bhupendra, coordinador e impulsor en Nepal del proyecto nacido de la colaboración de él y su buen amigo Juanjo.

Fotografía: Shutterstock

*«Vive intensamente cada momento de tu vida.
Porque nuestro destino puede cambiar en tan solo unos
instantes».*

El día que Nepal se convirtió en un infierno

El resto del día lo pasamos en casa de Bhupendra y paseando por el pueblo entre multitudes. Los niños reconocían a Juanjo y lo abrazaba constantemente demostrándole su agradecimiento y cariño por lo que estaba haciendo desinteresadamente por ellos.

Todo estaba resultando un éxito. Aunque aquella noche llovió intensamente, el día siguiente amaneció cubierto pero sin lluvia. A la hora prevista el ministro de deportes de Nepal se presentó en casa de Bhupendra y compartió el desayuno con nosotros y con las autoridades del pueblo.

Más tarde nos dirigimos a pie hasta el polideportivo, donde estaba todo preparado para la esperada inauguración: sillas para los invitados, un improvisado escenario para los discursos, los niños vestidos con sus coloridos chándales, y todo el pueblo ataviado con sus mejores galas. Las banderas de Nepal y España ondeaban por doquier; la mayoría de los niños alzaban con sus manitas ambas banderas como señal de triunfo y agradecimiento.

La alegría se reflejaba en todos los rostros; los niños en especial estaban radiantes, pues eran conscientes de que todo aquello se había hecho para ellos y eso los llenaba de felicidad. Las madres estaban pletóricas y orgullosas de sus hijos y los hombres satisfechos por pertenecer a aquella comunidad.

Todo salió rodado. Cada uno de los políticos y responsables del proyecto soltó su discurso. Todos hablaron en inglés y algunos solamente en nepalí. Mi amigo Juanjo dio un magnífico discurso en inglés y lo remató en nepalí, cosa que arrancó los aplausos de todos, incluyendo el ministro.

El ambiente festivo era palpable. Los niños habían preparado con mucha ilusión unos bailes típicos que fueron una maravilla de espectáculo para los asistentes. Poco a poco algunos abandonaban el lugar, y cuando el ministro y su escolta ya habían subido a sus todoterrenos se desató la salvaje furia de la naturaleza.

A todos nos pilló desprevenidos. No sabíamos exactamente lo que estaba pasando. Notábamos que las piernas nos temblaban; veíamos que los coches aparcados se movían y daban pequeños saltos. Uno que no tenía el freno de mano puesto comenzó a rodar lentamente hasta que su propietario subió rápidamente a su interior y lo paró. En ese mismo momento, y cuando todavía no salíamos de nuestro asombro, las casas de la aldea situada encima de la colina a unos 500 metros, comenzaron a estallar como si estuvieran siendo objeto de un bombardeo. Los niños empezaron a llorar y corrieron a abrazarse a sus madres que, conscientes de lo que estaba pasando, arrancaron a gritar mientras intentaban consolar a sus hijos. Los hombres, que hasta entonces no habían reaccionado, se subieron a toda prisa a sus camiones y furgonetas y se dirigieron rápidamente hacia el pueblo.

Nosotros, todavía sumidos en un profundo desconcierto, decidimos tomar el mismo camino a pie. Cuando llegamos a la altura de las primeras casas del pueblo nos dimos cuenta de lo que el temblor de unos segundos había supuesto para aquella bonita aldea, que había pasado en pocos minutos de la alegría de una fiesta total a la desesperación de una tragedia sin límites.

Por suerte la gran mayoría de la población se encontraba en la inauguración, pues en caso contrario, dada la hora en la que se produjo el terremoto y la fuerza con que se manifestó, probablemente hubiéramos tenido que lamentar una tragedia mucho mayor.

Muchos de los organizadores que se habían desplazado para asistir al acontecimiento tenían a sus familias y sus casas en Katmandú. La comunicación con el resto del mundo se había hecho casi imposible. De común acuerdo decidieron comer algo, ver cómo había quedado la aldea y regresar a la capital para reunirse con sus familiares. Nosotros no podíamos hacer otra cosa que regresar con ellos a Katmandú, aun sabiendo que no tendríamos habitación en nuestro hotel, pues no nos esperaban hasta dos días más tarde.

Atrás dejamos a nuestros amigos de Bhimpedi desolados y conmocionados. Todavía no eran conscientes de lo que les quedaba por hacer y en su dolor y frustración solo mostraban agradecimiento por estar vivos.

Los tres cooperantes pertenecientes a *Amics del Nepal* se quedaron allí a la espera de tomar alguna decisión. Les deseamos mucha suerte y que regresasen pronto a sus casas, pues sin dudas sus familias sufrirían hasta que los viesen de nuevo junto a ellos.

El regreso fue todo un poema. La carretera estaba peor que a la ida, que ya es decir, pues enormes pedazos de roca se habían desprendido y en algunos lugares era casi imposible circular. La visión de los pueblos que encontrábamos por el camino era frustrante. Casi todos presentaban un aspecto de devastación, como si hubieran sufrido un ataque de guerra. Sus habitantes ocupaban las calles y los bordes de la carretera.

Nuestra llegada a la capital nos desalentó aún más si cabe. Allá donde mirábamos solo veíamos destrucción y muerte. Sus habitantes vagaban sin rumbo o en busca de los descampados que les pudieran dar un mínimo de seguridad. Cualquier cosa valía para improvisar una sencilla tienda de campaña. Pero todavía tenían fuerzas para saludarnos y obsequiarnos con una sonrisa.

Una vez en el hotel nuestros amigos se despidieron y quedaron en volver más tarde. Ahora debían acudir junto a sus familias y asegurarse de que estas estuvieran bien y que sus casas siguieran en pie. En el hotel no nos quisieron dar habitación, pues aquella noche se esperaban algunas réplicas de importancia y aconsejaban dormir en el exterior o como mucho en el vestíbulo.

Aquella misma tarde fuimos a echar un vistazo por el centro de Katmandú. El corazón se nos encogió y la tristeza nos invadió. Apenas podíamos contener las lágrimas, así que decidimos regresar al hotel. Habíamos superado nuestro límite de frustración e impotencia al comprender que podíamos hacer muy poco para aliviar el dolor de aquellas gentes.

Al día siguiente, haciendo acopio de valor y endureciendo nuestro corazón, decidimos acercarnos hasta la plaza Durbar, centro histórico de la hermosa ciudad y donde los efectos del terremoto habían sido devastadores. Allí por donde pasábamos solo quedaba destrucción y muerte a nuestro alrededor. La visión de la maravillosa plaza con sus palacios y templos destruidos fue desoladora. Todo estaba en ruinas. Un cordón policial nos impedía el paso al centro y nos protegía del peligro que esto hubiera supuesto.

Se dio la circunstancia de que mientras estábamos curioseando se produjo otra réplica de fuerte impacto, esta vez superior a los 6,7 grados. Salimos corriendo sin rumbo fijo junto con toda la multitud que nos rodeaba, que era empujada a su vez por la policía, con la única idea de apartarnos de los edificios que todavía quedaban en pie y de algunos monolitos que estaban condenados a irse al suelo.

Vimos a decenas de mujeres, ancianos y niños vagar por las calles, cargados con sus pocos enseres después de haber perdido sus humildes casas, buscando la relativa seguridad que les ofrecía un gran campo que se encontraba al otro lado de la avenida Kantipath. Esta ancha calle estaba totalmente abarrotada de gente. Todos ellos, después de cruzar el gran arco monumental que daba acceso al parque y a lo que ellos creían su salvación, plantaban sus precarias tiendas de acampada y se preparaban para vivir en aquel entorno el tiempo que hiciera falta hasta poder regresar a sus casas.

Plaza Durbar tras el terremoto. Fotografía: Shutterstock

Aquel majestuoso arco que daba entrada a aquella inmensa zona de acampada se vino abajo un poco más tarde con una nueva réplica del terremoto y cayó encima de un nutrido grupo de nepalíes que cruzaban la amplia avenida. No pude dejar de pensar que nosotros habíamos pasado por debajo apenas unas horas antes.

Cuando ya creíamos haberlo visto todo nos dimos cuenta de que estábamos frente a uno de los hospitales más grandes de la capital. Observamos los movimientos del Ejército, los policías y los heridos en busca de ayuda. Una camioneta que descargó algunos cadáveres nos devolvió a la brutal realidad, y cuando nos dimos cuenta de que eran amontonados detrás de un muro al lado del hospital, comprendimos que detrás de aquel pequeño y terrorífico muro se apilaba un número indeterminado de cuerpos sin vida destrozados y algunos de ellos sin tan siquiera una sábana que los cubriera. Aquella visión nos pareció un testimonio de lo injusta que puede ser a veces la voluntad divina.

Aquello era más de lo que podíamos aguantar. Traumatizados, con el alma en pena y una gran sensación de desolación, optamos por regresar a la relativa seguridad de nuestro hotel.

Aunque en un primer momento decidimos apurar los días que todavía nos quedaban en Nepal para poder echar una mano si era necesario, en seguida nos dimos cuenta de que nuestros amigos, con su habitual e innato sentido de colaboración y acogida, estaban más pendientes de lo que nosotros necesitábamos que de su propia situación dramática. Por eso preferimos contactar con el consulado de España y apuntarnos con el resto de españoles a los aviones que el gobierno español había puesto a nuestra disposición.

El regreso vía Delhi fue todo un acontecimiento. Españoles venidos de zonas bien distintas de Nepal nos reunimos en las instalaciones que la constructora San José tiene en el aeropuerto de Katmandú. Cada persona llevaba consigo una historia emocionante. Todos teníamos algo que contar y un solo objetivo en nuestras mentes: regresar cuanto antes a nuestro país con nuestra familia. Por desgracia no podíamos hacer nada más que dejar atrás tanto sufrimiento y destrucción.

Solo los que de alguna forma habíamos sufrido en nuestras propias carnes el dolor y la desolación de aquel pueblo sabíamos que no íbamos a dejarlos solos ni permitir que aquello se olvidara.

Han pasado quince días desde aquello cuando escribo esto. Me encuentro en mi confortable y seguro refugio de Queralbs, pero mi mente todavía está muy lejos de aquí. No puedo dejar de pensar en esas familias, en esos amigos que dejé atrás y, sobre todo en los niños, que aunque no habían perdido su eterna sonrisa, no lo iban a tener nada fácil.

Me siento culpable por vivir tan cómodamente, por estar en este mundo del que formo parte, en el que las envidias, las rencillas, el egoísmo y la falta de solidaridad, campan a sus anchas.

Durante los primeros días de mi regreso todos querían conocer aquella emocionante historia de primera mano. Parecía que quisieran escuchar el relato de ese dramático suceso como si se tratara del argumento de una película de ficción que se proyecta en alguna sala de arte y ensayo.

Mi amigo Juanjo me dijo:

—No dejes que tu entorno se olvide del alcance de esta tragedia.

Efectivamente, la gente poco a poco pierde interés y nuevos sucesos sacuden nuestro mundo pasando a un primer plano, portadas que venden más y apartan noticias que ya casi se han olvidado. Aquello pasó hace tiempo en un pequeño país poblado de gente que está demasiado lejos para que todo eso le afecte. Así es nuestro mundo. Por suerte, gente como Juanjo, como los autores del libro *Cuando Nepal tembló*, publicado por la editorial Kolima en otoño del 2015 para recaudar fondos a beneficio de los damnificados por el terremoto, y otros muchos cuyo nombre ignoro, no permiten que el recuerdo de aquel fatídico 25 de abril muera con el tiempo.

www.editorialkolima.com

CANCIÓN PARA UN PUEBLO HERIDO

Comenzar de nuevo nuestras vidas,
Escribir un futuro que ahora vemos lejano,
Pensar que al menos aún estamos vivos
Lo que hemos perdido lo levantaremos mañana.

Las montañas aguantaron en pie,
En los valles solo quedaron nuestras apagadas voces,
Un canto de miedo por lo que veíamos,
Y un grito de angustia por los que ya no estaban...

Nepal, Nepal hoy siento tu dolor,
Nepal, Nepal, siento herido mi corazón.

Sentiré el llanto de tus niños,
El clamor de impotencia de tus madres,
Y la tenacidad de tus hombres,
Que poco a poco levantarán tus pueblos.

Nepal, Nepal hoy siento tu dolor,
Nepal, Nepal, siento herido mi corazón.

Niños del Nepal, no lloréis por vuestro futuro incierto,
Buscad en la generosidad de los otros vuestra propia
fuerza,
Pueblo querido, vuestro lamento será nuestro grito de
esperanza

EPÍLOGO

Mi tren llega a Ribes de Freser un mes después... Hace ya un mes. Y es en estos momentos cuando me doy cuenta de lo diferentemente que transcurre el tiempo en función de nuestros momentos vitales. Para una mariposa un día es toda una vida, y a nosotros se nos escapan los días como si fueran pequeños granos de arena que quisiéramos retener en una minúscula mano con los dedos entreabiertos. El tiempo es elástico, relativo, efímero y duradero, sutil y eterno, y casi nunca corre a la velocidad deseada por nuestros corazones.

Un mes y medio en un hospital se puede hacer pesadamente largo para quien está deseando mandar al infierno la maldita enfermedad y regresar a casa para acariciar a su gato, ordenar sus papeles, escribir el final de su último libro, dormir a pierna suelta en el sofá junto a su mujer, y planificar de una vez por todas esa nueva manera de alimentarse con la que tanto le ha dado la lata su hija, porque al final a ver sí va a tener razón... Ganas de volver al hospital no tiene. Y la verdad es que los últimos meses se ha encontrado jodidamente mal... En definitiva, que para el que está en la cama rodeado de máquinas y tubos cada día que pasa es como un día más de condena. Esa condena que parece que no se acaba nunca y que además cada día entiende menos, porque vienen los médicos y le dicen que todo sigue su curso y que tenga paciencia, que eso es parte del proceso... ¿El proceso? Si ni siquiera sabe de qué proceso le están hablando... Pero él por si acaso no pregunta, no vaya a ser que le digan algo que no le guste... Lo único que quiere es que el tiempo pase rápido y volver a recuperar su tranquila y feliz vida.

Después estamos los otros, para los que un mes y medio en un hospital se puede convertir en una de las peores pesadillas cuando te dicen que la persona a la que quieres ya no va a salir de ahí y que por lo tanto cada día que pase es un regalo. Y entonces es cuando no tienes ni idea de si no quieres que el tiempo pase, o quieres que pase mucho tiempo. Y no sabes que es mejor o peor. ¿Mejor para quién? ¿Para él? ¿Para ti? ¿Y si de todos modos resulta que no hay un «mejor» para nadie y que tanto si el tiempo corre lento o camina rápido al final todo va a ser peor?

Al final resultó que mi padre estuvo cuarenta y ocho días en ese hospital y el 24 de abril de 2016 fue el día que escogió para descansar en paz y, como una jugada del destino, el 25 de abril al poner la tele mientras me vestía para ir al tanatorio en las noticias hablaban de que justo un año atrás había tenido lugar el devastador terremoto que hizo temblar Nepal. Mi padre sobrevivió a ese terremoto pero un año después se fue y dejó nuestras vidas patas arriba...

Ahora, mientras mi tren está entrando en la estación quisiera que el tiempo pasara rápidamente y avanzar de golpe cuatro o cinco pantallas para no tener que pasar otra vez por el dolor inevitable, por arrastrar la tristeza y el vacío que pesa como una losa. Este primer mes sin mi padre lo he llevado bastante bien, con la experiencia que te da haber pasado ya por lo mismo seis años atrás.

Pero hoy es la primera vez que bajo del tren y no hay nadie en el andén esperándome. Él no está. Y no es que llegue tarde. Es que no va a venir. Ni hoy ni nunca más...

Irene Feixa

Llega el otoño, y con él otra vez el recuerdo de esa antigua tristeza que me solía abrazar cada vez que se intuía la llegada del frío. Este año lo del frío es lo de menos, este año me he tenido que sacudir la pena y salir adelante, y decirme a mí misma que ya está bien, que me permito llorar, pero que ese llanto sirva solo para aliviar, así que entre sorbito de té y arrumaco entre rescatadas y añoradas mantas me he curado las heridas y ya solo me queda alguna cicatriz, pero de esas que no molestan, de esas que te hacen interesante, de esas que la vida inevitablemente te deja para recordarte que has vivido. Y aquí estoy, con mi traje de guerrera y con esa serenidad que solo se alcanza cuando por fin estás en paz.

Todo el mundo que conocía a mi padre y me conoce a mí se da cuenta enseguida de que he heredado muchísimas cosas de su personalidad, de su estilo de vida y del modo en el que él veía las cosas. Y si de algo sabía mi padre era de ser feliz. Feliz y libre. Y esa soy yo, aún aprendiendo, pero cada día con más certeza de que estoy haciendo las cosas bien. Ahora que ya he digerido lo que pasó (bueno... casi), tengo las fuerzas y la energía suficiente como para poder escribir estas líneas y poder entregar el libro que tanta ilusión le hacía terminar.

Tengo que agradecer a Marta una vez más que se dejara contagiar por la ilusión de mi padre y que se pusiera en contacto conmigo para decirme que seguía interesada en continuar con el proyecto. Ha sido estimulante y sobretodo muy gratificante.

Para mí leer estas crónicas ha supuesto un viaje de recuerdos a lugares donde nunca he ido pero que han estado siempre presentes en mi vida. Aún recuerdo, como si fuera ayer, la noche que pasamos mi hermano y yo con mi padre antes de que se fuera al que sería su primer viaje al Himalaya. Estaba ilusionado como un niño y yo era feliz a pesar de saber que íbamos a estar muchos días sin saber de él. Ese era mi padre, un constructor de sueños, realizador de proyectos, diseñador de deseos. Y de él aprendí que para querer hay que dejar ir.

Feliz viaje.

Irene Feixa
Mayo de 2016, Ribes de Freser

KOLIMA
BOOKS